일본어 독해력 완성 프로그램

다락원 일한 대역문고

중급 5

미야자와 켄지의 주문이 많은 요리점

宮沢賢治の注文の多い料理店

宮沢賢治 著 | 이현정 譯註

다락원

머리말

『다락원 일한 대역문고』 중급 시리즈는 일본어 중급 학습자들이 일본어 명문들을 즐겁고 효과적으로 읽으며 고급 수준으로 독해력을 발전시키는 것을 목표로 만들었습니다.
일본어 기초가 완성된 중급 단계의 학습자가 일본어 실력을 향상시키기 위해서는 수준에 맞는 좋은 문장을 많이 접하여 어휘의 자연스럽고 정확한 쓰임을 익히는 것이 중요합니다. 너무 쉽거나 어려운 글을 읽으면 자칫 일본어 학습에 흥미를 잃어버리게 될 수도 있기 때문입니다.
현행 일본 초등학교와 중학교 국어교과서에 실린 명문을 비롯하여 일본 현대소설과 우리에게 익숙한 외국 소설의 일본어 번역 등 다양한 장르의 이야기들은 자연스럽게 일본어 문장의 깊은 맛을 익히는 데 좋은 길잡이가 되어 줄 것입니다.

『다락원 일한 대역문고』 시리즈는 사전 없이 편리하게 학습할 수 있도록, 어휘 풀이는 물론 주요 문형에 대한 자세한 해설과 예문을 함께 실었습니다. 본문의 대역은 어휘의 정확한 뜻 전달을 위해 의역보다는 직역에 가깝도록 했고, 원어민의 정확한 발음으로 녹음된 오디오로 듣기 능력 향상까지 함께 기대할 수 있습니다. 『다락원 일한 대역문고』 시리즈로 일본어를 읽고 듣는 재미를 느껴 보시기 바랍니다.
여러분의 일본어 학습에 도움이 되기를 바랍니다.

다락원 일한 대역문고 연구회

『다락원 일한 대역문고』 이렇게 보세요

「近くだから、自分のが大きく見えるんだよ。そんなら一緒に吐いてみよう。いいかい、そら。」
「やっぱり僕の方、大きいよ。」
「本当かい。じゃ、も一つ吐くよ。」
「だめだい、そんなに伸び上がっては。」
また、お父さんのかにが出てきました。
「もう寝ろ寝ろ。遅いぞ、あしたイサドへ連れていかんぞ。」
「お父さん、僕たちの泡、どっち大きいの。」
「それは兄さんの方だろう。」
「そうじゃないよ。僕の方、大きいんだよ。」
弟のかには泣きそうになりました[3]。

近く 근처, 가까운 곳
～ては ~해서는, ~하면
伸び上がる 발돋움하다
～ていかん ~해 가지 않다

176

"가까우니까 자기 것이 크게 보이는 거야. 그렇다면, 같이 내뿜어 보자. 됐니? 봐."
"역시 내 쪽이 커."
"정말? 그럼, 하나 더 내뿜을게."
"안 돼, 그렇게 발돋움하면."
또 아빠 게가 나왔습니다.
"이젠 그만 자거라, 자. 늦었어, 내일 이사드에 안 데리고 간다."
"아빠, 우리들 거품 중에서 어느 쪽이 커요?"
"그야 형 것이지."
"그렇지 않아요. 내 쪽이 커요."
동생 게가 울먹거립니다.

3 ～そうになる ~할 것처럼 되다
실제로는 그렇게 되지 않았으나, 말하는 사람이 제어할 수 없는 어떤 일이 일어나기 직전의 상황임을 나타낸다.
彼(かれ)はショックを受(う)けて、倒(たお)れそうになりました。

177

어휘 설명

자세한 해설과 함께, 히라가나로 실린 단어 중 한자를 알아두면 좋은 어휘에는 한자 표기를 병기했습니다.
사진 자료는 어휘 해설에 대한 빠르고 정확한 이해를 도와줍니다.

문형 해설

주요 문형의 뜻풀이와 접속을 예문과 함께 알기 쉽게 정리했습니다.

일러두기

일본어의 한국어 표기는 다음과 같습니다.
장음은 단음으로 표기했습니다. 예 大阪 — 오사카
발음 표기는 로마자 표기의 발음에 따랐습니다. 예 つかう (tsukau) — 츠카우
촉음은 'ㅅ'으로 표기했습니다.

문형 접속 해설에 쓰인 활용형의 설명은 다음과 같습니다.
ます형(연용형) — ます가 붙기 이전의 형태
ない형 — ない가 붙기 이전의 형태
て형 · た형 — 각각 て · た가 붙은 형태
な형용사な · 명사の — な형용사의 어간에 な가 붙은 형태, 명사에 の가 붙은 형태
동사 · い형용사 · な형용사의 기본형 — 동사 · い형용사는 사전에 실려 있는 형태, な형용사는 어간에 だ가 붙은 형태
보통형 — 기본형, 부정형, 과거형, 과거부정형

오디오 CD

원어민 성우의 정확한 내레이션으로 듣는 즐거움도 쌓으세요.

목차

TRACK 1 주문이 많은 요리점

注文の多い料理店 8

ちゅう もん おお りょう り てん

TRACK 2 은행나무 열매

いちょうの実 64

み

TRACK 3 눈길 걷기

雪渡り 88

ゆき わた

TRACK 4 돌배

やまなし 156

미야자와 켄지의 주문이 많은 요리점

宮沢賢治の注文の多い料理店

注文(ちゅうもん)の多(おお)い料理店(りょうりてん)

二人(ふたり)の若(わか)い紳士(しんし)が、すっかりイギリスの兵隊(へいたい)の形(かたち)をして、ぴかぴかする鉄砲(てっぽう)をかついで、白熊(しろくま)のような[1]犬(いぬ)を二匹(にひき)連(つ)れて、だいぶ山奥(やまおく)の、木(き)の葉(は)のカサカサしたとこを、こんなことを言(い)いながら、歩いておりました。

- □注文 주문
- □料理店 음식점, 요리점
- □紳士 신사
- □すっかり 완전히, 아주 몽땅
- □兵隊 병사
- □形 모양, 형태, 용모, 생김새, 모습 〈形をする 모습을 하다, 형태를 띠다〉
- □ぴかぴか 윤이 나며 번쩍이는 모양, 번쩍번쩍, 반짝반짝
- □鉄砲 총
- □かつぐ(担ぐ) 메다, 짊어지다
- □白熊 백곰
- □～匹 ~마리 〈동물을 셀 때 쓰는 조수사〉
- □連れる 이끌다, 데리고 가다
- □山奥 깊은 산속
- □木の葉 나뭇잎 〈일반적으로는 このは라고 발음함〉
- □カサカサ 바싹 마른 것들이 서로 부딪치면서 나는 소리, 바스락바스락
- □とこ 곳, 장소 〈ところ의 회화체 줄임말〉
- □～ながら (동사 ます형에 붙어) ~(하)면서
- □～ておる ~하고 있다 〈～ている에 비해 예스러운 표현임〉

주문이 많은 요리점

두 사람의 젊은 신사가 완전한 영국 병사의 차림새를 하고, 번쩍번쩍 빛나는 권총을 메고, 백곰 같은 개를 두 마리 이끌고, 꽤 깊은 산속의, 나뭇잎이 바스락바스락거리는 곳을, 이런 대화를 나누며 걷고 있었습니다.

1 ～ようだ ～(인) 것 같다 [동사 · い형용사의 보통형, 명사の+ようだ]

비교 · 비유를 나타내는 표현으로 まるで～ようだ의 형태로 많이 쓰인다.

まったく動(うご)きがなくて、まるで眠(ねむ)ったようです。
전혀 움직임이 없어서, 마치 잠든 것 같습니다.

「ぜんたい、ここらの山はけしからんね。鳥(とり)も獣(けもの)も一(いっ)匹(ぴき)もいやがらん[*]。何でもかまわないから、早くタンタアーンと、やってみたいもんだ[2]なあ。」

「しかの黄色(きいろ)な横(よこ)っ腹(ぱら)なんぞに、二、三発(ぱつ)お見舞(みま)いもうしたら[3]、ずいぶん痛快(つうかい)だろうねえ。くるくる回(まわ)って、それからどたっと倒(たお)れるだろうねえ。」

それはだいぶの山奥でした。案内(あんない)してきた専門(せんもん)の鉄砲(てっぽう)打(う)ちも、ちょっとまごついて、どこかへ行ってしまったくらいの山奥でした。

- □ ぜんたい 도대체, 원래, 본래, 애당초
- □ ここら 이근처, 이 근방, 이 맘때
- □ けしからん 괘씸하다, 무례하다, 좋지 않다 〈けしからぬ가 변한말, ぬ(ん)는 부정을 나타냄〉
- □ 獣 짐승
- □ かまわない 상관없다
- □ しか(鹿) 사슴
- □ 横っ腹 옆구리
- □ ～なんぞ ~따위, ~등 =など
- □ ～発 ~발 〈탄환이나 총성 등을 셀 때 쓰는 조수사〉
- □ 見舞い 병문안, 문병 〈여기서는 상대방에게 타격을 입히다는 비유적인 뜻으로 쓰였음〉
- □ お+동사 ます형+申す ~(하)옵니다 〈자신을 매우 낮춰 말하는 겸양표현〉
- □ 痛快 통쾌
- □ くるくる 빙글빙글
- □ 回る 돌다
- □ それから 그리고, 그리고 나서
- □ どたっと 털썩
- □ 倒れる 쓰러지다, 넘어지다
- □ 案内 안내
- □ 専門 전문
- □ 鉄砲打ち 사수, 포수, 사냥꾼
- □ まごつく 허둥대다, 허둥지둥하다, 갈팡질팡하다

"애당초 이 산은 못 쓰겠군. 새도 짐승도 한 마리도 없군. 뭐든지 좋으니까 빨리 탕 타~앙 하고 쏴 보고 싶은데 말이야."

"사슴의 노란 옆구리 같은 곳에 두세 발 먹이면 정말 통쾌할 텐데. 빙글빙글 돌다가 그리고 나서 털썩 하고 쓰러질 테니 말이야."

그곳은 아주 깊은 산속이었습니다. 안내해서 온 전문 사냥꾼도 잠깐 허둥대다가 어딘가로 사라져 버린 정도로 첩첩산중이었습니다.

---

2 ~たいもんだ ~(하)고 싶다 [동사 ます형+たいもんだ]

말하는 이의 욕구를 강조할 때 쓰는 표현으로, ~もんだ는 ~ものだ의 회화체 표현이다.

ベストセラーの本(ほん)は一度(いちど)読(よ)んでみたいもんだ。
베스트셀러가 된 책은 한번 읽어 보고 싶다.

3 ~たら ~한다면, ~했다면
[동사 た형+ら, い형용사 어간+かったら, な형용사 어간 · 명사+だったら]

아직 실현되지 않은 일을 가정하거나 또 이미 실현된 일을 반대로 가정할 때 쓴다.

大学生(だいがくせい)になったら、一人暮(ひとりぐら)しがしたいです。
대학생이 된다면, 혼자 독립하여 살고 싶습니다.

*** ~やがらん**

~やがる에 부정을 나타내는 ん이 붙은 것으로 ~やがる는 상대방의 동작에 대해 경멸, 증오, 조롱 등의 감정을 담아 표현할 때 쓴다. 동사와 ~(ら)れる · ~(さ)せる의 ます형에 연결된다.

勝手(かって)にしやがれ。멋대로 해 버려.

それに、あんまり山がものすごいので、その白熊(しろくま)のような犬(いぬ)が、二匹一緒(いっしょ)にめまいを起(お)こして、しばらくうなって、それから泡(あわ)を吐(は)いて死(し)んでしまいました。

「実(じつ)に僕(ぼく)は、二千四百円(にせんよんひゃくえん)の損害(そんがい)だ。」

と、一人(ひとり)の紳士(しんし)が、その犬のまぶたを、ちょっと返(かえ)してみて言いました。

「僕は二千八百(はっぴゃく)円の損害だ。」

と、も一人が、悔(くや)しそうに[4]、頭(あたま)を曲(ま)げて言いました。

□それに 게다가
□ものすごい 굉장하다, 매우 무섭다, 끔찍하다
□めまい 현기증 〈めまいを起(お)こす 현기증을 일으키다〉
□しばらく 잠시, 잠깐, 얼마 동안
□うなる 신음하다, 으르렁거리다
□泡 거품 〈泡を吐(は)く 거품을 물다, 토하다〉
□実に 실로, 진짜로
□損害 손해
□まぶた 눈꺼풀
□返す 뒤집다
□～てみる ~해 보다
□も 다른, 또 〈もう의 회화체 줄임말〉
□悔しい 분하다, 억울하다
□曲げる 구부리다, 기울이다

게다가 산이 너무나 험해, 그 백곰 같은 개가 두 마리 모두 현기증을 일으켜 잠시 동안 끙끙거리더니, 그 후 거품을 물고 죽어 버렸습니다.

"정말이지 나는 2,400엔 손해야."

라고 한 사람의 신사가 그 개의 눈꺼풀을 살짝 뒤집어 보며 말했습니다.

"난 2,800엔 손해야."

라고 또 한 사람이 분하다는 듯이 고개를 기울이며 말했습니다.

4 ~そうだ ~인 듯하다, ~한 듯하다

[동사 ます형, い형용사 · な형용사 어간+そうだ]

말하는 이가 직접 보거나 듣거나 한 것으로 판단한 양태를 나타낸다.

二人(ふたり)は楽(たの)しそうに笑(わら)っています。

두 사람은 즐거운 듯이 웃고 있습니다.

初めの紳士は、少し顔色を悪くして、じっと、も一人の紳士の、顔つきを見ながら言いました。

「僕はもう戻ろうと思う。」

「さあ、僕もちょうど寒くはなったし、腹は空いてきたし、戻ろうと思う。」

「そいじゃ、これで切り上げよう。なあに、戻りに、昨日の宿屋で山鳥を十円も買って帰ればいい[5]。」

「うさぎも出ていたねえ。そうすれば結局おんなじこった。では帰ろうじゃないか。」

- □初め 처음, 첫 번째
- □顔色 안색
- □悪くする 나쁘게 하다, 안 좋게 하다
- □じっと 가만히
- □顔つき 얼굴 생김새, 표정
- □戻る 돌아가다, 돌아오다
- □~(よ)うと思う ~하려고 생각하다
- □さあ 자, 이제
- □ちょうど 마침
- □~し ~하고, ~하여
- □腹が空(す)く 배가 고프다
- □そいじゃ 그러면, 그렇다면 〈それじゃ의 회화체 표현〉
- □切り上げる (하던 일을) 일단락 짓다, 일단 끝내다
- □なあに 뭐 〈何(なに)를 길게 늘여서 한 말〉
- □宿屋 숙소, 묵을 곳
- □山鳥 산새
- □帰る 귀가하다, 돌아가(오)다
- □うさぎ 토끼
- □結局 결국
- □おんなじこった 같다, 동일하다 〈同(おな)じだった의 회화체 표현〉
- □~(よ)うじゃないか ~(하)지 않을래? 〈제안이나 의지를 강하게 나타낼 때 쓰는 표현으로 주로 남성이 씀〉

처음 말했던 신사는 조금 불쾌한 안색으로 가만히 다른 한 명의 신사의 얼굴을 보면서 말했습니다.

"난 이제 돌아갈래."

"그래, 나도 마침 추워는 지지, 배는 고파 오지 해서 돌아갈까 했어."

"그럼, 이만 끝내도록 하자. 뭐, 돌아가는 길에 어제 묵었던 숙소에서 산새를 10엔어치 사 가지고 돌아가면 돼.

"토끼도 나와 있었지. 그렇게 하면 결국 사냥한 거나 마찬가지야. 그럼, 돌아가자고."

5 ～ばいい ～(하)면 된다 [동사 가정형+ばいい]

상대방에게 이런 방법이나 수단을 사용하면 좋은 결과를 얻을 수 있을 것이라 권유나 제안할 때 쓴다.

お腹(なか)が空(す)いたらこのおにぎりを食(た)べればいい。
배가 고프면 이 주먹밥을 먹으면 된다.

ところが、どうも困(こま)ったことはどっちへ行けば戻れるのか、いっこう見当(けんとう)がつかなくなっていました。

風(かぜ)がどうと吹(ふ)いてきて、草(くさ)はザワザワ、木(き)の葉(は)はカサカサ、木はゴトンゴトンと鳴(な)りました。

「どうも腹(はら)が空(す)いた。さっきから横(よこ)っ腹(ぱら)が痛(いた)くてたまらない[6]んだ。」

「僕もそうだ。もうあんまり歩(ある)きたくないな。」

「歩きたくないよ。ああ困ったなあ、何(なに)か食べたいなあ。」

「食べたいもんだなあ。」

二人の紳士は、ザワザワ鳴るすすきの中で、こんなことを言いました。

- □ **ところが** 그런데, 그러나
- □ **困る** 곤란하다, 난처하다
- □ **戻る** 되돌아가다, 되돌아오다
- □ **～か** ~인지, ~인가
- □ **いっこう** 조금도, 전혀 〈항상 뒤에 부정표현이 옴〉
- □ **見当** 어림, 짐작, 예상 〈見当がつかない 짐작이 가지 않다〉
- □ **どうと** 윙 하고
- □ **草** 풀
- □ **ザワザワ** 버석버석, 바스락바스락, 시끌시끌, 술렁술렁
- □ **ゴトンゴトン** 딱딱하거나 무거운 것이 떨어지거나 부딪쳐 내는 소리
- □ **鳴る** 울다, 소리 내다
- □ **さっきから** 아까부터
- □ **～んです** ~인 것입니다 〈생각이나 의견을 강하게 주장하고자 할 때 쓰는 표현으로, ~のです의 회화체 표현임〉
- □ **すすき** 참억새

그런데, 정말 난처하게도 어느 쪽으로 가야 돌아갈 수 있는 건지 전혀 짐작이 가질 않습니다.

바람이 윙 하고 불어와 풀은 바삭바삭, 나뭇잎은 바스락바스락, 나무는 윙윙 하고 울립니다.

"정말 허기가 지네. 아까부터 옆구리가 아파서 못 견디겠어."

"나도 그래. 이제 더 이상은 걷고 싶지 않아."

"걷고 싶지 않아. 아아, 곤혹스럽군, 뭔가 먹고 싶군."

"먹고 싶군 그래."

두 신사는 바삭바삭 소리 나는 참억새 속에서 이런 대화를 나누었습니다.

---

6 ~てたまらない ~해서 참을 수가 없다, ~해서 견딜 수가 없다

[동사 · い형용사의 て형+たまらない]

사람의 감정이나 심리상태가 어떤 자극에 의해 몹시 흥분되어 있어서 스스로 통제하기 어려운 경우에 쓰는 표현이다.

最近(さいきん)は一人(ひとり)でいるのが寂(さび)しくてたまらない。
요즘은 혼자 있는 것이 외로워서 견딜 수가 없다.

その時ふと後ろを見ますと[7]、立派な一軒の西洋造りの家がありました。

そして玄関には、

RESTAURANT

西洋料理店

WILDCAT HOUSE

山猫軒

という札が出ていました。

「君、ちょうどいい。ここはこれでなかなか開けてるんだ。入ろうじゃないか。」

「おや、こんなとこにおかしいね。しかしとにかく何か食事ができるんだろう。」

- □ ふと 문득
- □ ～軒 ～채 〈집이나 건물 등을 셀 때 쓰는 조수사〉
- □ 西洋造り 서양식 건축
- □ そして 그리고, 그래서
- □ 玄関 현관
- □ 西洋料理店 서양 음식점
- □ 山猫 살쾡이
- □ 札 팻말, 간판
- □ 君 너, 자네 〈보통 친한 사이나 손아랫사람에게 씀〉
- □ ちょうどいい 딱 좋다
- □ これでなかなか 상당히, 제법, 꽤
- □ 開ける 발전되다, 개발되다, 개화되다
- □ 入る 들어가다, 들어오다
- □ おや 아니?, 어? 〈의아스럽게 놀랐을 때 쓰는 감탄사〉
- □ おかしい 이상하다, 수상하다
- □ とにかく 어쨌든, 여하튼

그때 문득 뒤를 돌아보니, 멋진 서양식 집이 한 채 있었습니다.
그리고 현관에는,

RESTAURANT
서양 요리점
WILDCAT HOUSE
살쾡이 집

이라는 간판이 나와 있었습니다.

"자네, 마침 잘됐어. 이곳도 제법 개발된 곳인가봐. 들어가 보세."

"아니 이런 곳에? 이상하군. 하지만 어쨌든 뭔가 식사를 할 수 있겠지."

---

7 ～と ～하자, ～했더니 [동사 · い형용사 기본형+と | な형용사 · 명사+だと]
앞의 동작을 행하여 뒤의 사항을 발견한 경우에 쓴다. 뒤에는 주로 과거표현이 오며, 공손하게 말할 경우에는 ～ますと · ～ですと를 쓰기도 한다.

まっすぐ歩(ある)いて行(い)くと、病院(びょういん)が見(み)えた。
곧장 걸어가니, 병원이 보였다.

「もちろんできるさ。看板にそう書いてあるじゃないか。」

「入ろうじゃないか。僕はもう何か食べたくて倒れそうなんだ。」

二人は玄関に立ちました。玄関は白い瀬戸*のれんがで組んで、実に立派なもんです。

そしてガラスの開き戸が立って、そこに金文字でこう書いてありました。

【どなたもどうかお入りください[8]。決してご遠慮はありません[9]。】

□ もちろん 물론
□ ～さ ~이지, ~말이야 〈판단이나 주장을 나타냄〉
□ 看板 간판
□ ～てある ~되어 있다, ~해 있다 〈어떤 상태나 상황이 이미 진행되어 완료된 결과를 냄〉
□ もう 정말 〈판단이나 감정을 강조하는 기분을 나타냄〉
□ れんが 벽돌
□ 組む 조립하다, 만들다
□ ～ものだ ~이다 〈놀람 · 영탄 · 감탄 등을 나타냄〉
□ ガラス 유리
□ 開き戸 여닫이
□ 金文字 금색 글자
□ 遠慮 사양, 망설임, 조심함

"물론 되고 말고. 간판에 그렇게 쓰여져 있잖아."

"들어가 보세. 나는 정말 뭔가 먹고 싶어서 쓰러질 것 같아."

두 사람은 현관에 섰습니다. 현관은 하얀색의 구운 벽돌로 만들어져 정말 멋집니다.

그리고 유리로 된 여닫이가 있어 그곳에 금색 글자로 이렇게 쓰여 있었습니다.

【어떤 분이라도 어서 들어오십시오. 절대 사양하지 마세요.】

---

8 **お～ください ~해 주십시오** [お+동사 ます형+ください]

상대방을 높여서 말할 때 쓰는 존경표현으로, 보통 동사 앞에는 お를 붙이고 한자로 된 명사 앞에는 ご를 붙인다.

この紙(かみ)にお名前(なまえ)をお書(か)きください。
이 종이에 성함을 써 주십시오.

9 **決して～(ない) 결코 ~(하지 않다)**

어떠한 일이 일어나더라도 절대로 그 행동을 하지 않겠다는 뜻으로, 말하는 이의 강한 의지를 나타내는 표현이다.

ここでの思(おも)い出(で)は決(けっ)して忘(わす)れません。
이곳에서의 추억은 결코 잊지 않겠습니다.

★ **瀬戸**

愛知(あいち) 현 서북부에 있는 도시로, 요업이 발달하여 뛰어난 도자기의 총칭으로 쓰이는 경우가 많다. 도자기 굽는 방식의 대명사로도 쓰인다.

二人はそこで、ひどく喜んで言いました。

「こいつはどうだ、やっぱり世の中はうまくできてるねえ、今日一日なんぎしたけれど、今度はこんないいこともある。この家は料理店だけれども、ただでごちそうするんだぜ。」

「どうもそうらしい[10]。決してご遠慮はありませんというのはその意味だ。」

二人は戸を押して、中へ入りました。そこはすぐ廊下になっていました。そのガラス戸の裏側には、金文字でこうなっていました。

【ことに太ったお方や若いお方は、大歓迎いたします。】

二人は大歓迎というので、もう大喜びです。

□ひどく 몹시, 대단히, 매우
□喜ぶ 기뻐하다
□やっぱり 역시 〈やはり의 힘줌말〉
□世の中 이 세상
□うまく 잘, 좋게
□なんぎ 고생, 고통
□できる 발생하다, 만들어지다, 완성되다
□けれど 그렇지만 =けれども, けど
□今度 이번
□ただ 공짜, 무료
□ごちそうする 접대하다, 대접하다
□～ぜ ～이야, ～거야 〈친한 사이나 손아랫사람에게 씀〉
□～というのは ～라는 것은
□意味 의미
□戸を押す 문을 밀다
□すぐ 바로, 곧
□廊下 복도
□ガラス戸 유리문
□裏側 뒤쪽, 뒤편
□ことに 특히, 각별히
□(お)方 분
□大歓迎 대환영
□いたす(致す) 하다 〈する의 겸양어〉
□大喜び 크게 기뻐함

두 사람은 그래서 굉장히 기뻐하며 말했습니다.

"이거 어때? 역시 세상은 살 만한 것 같아, 오늘 하루 고생했지만 이번에는 이렇게 좋은 일도 있군. 이 집은 음식점이지만 공짜로 대접한다잖아."

"아무래도 그런 모양이야. '절대 사양하지 마세요.' 라는 건 그런 뜻이지."

두 사람은 문을 밀고 안으로 들어갔습니다. 안은 곧장 복도로 되어 있었습니다. 그 유리문의 안쪽에는 금색 글씨로 이렇게 쓰여 있었습니다.

【특히 살찐 분과 젊은 분은 대환영입니다.】

두 사람은 대환영이라는 말에 정말 크게 기뻐합니다.

---

10 ~らしい ~인 것 같다 [동사 · い형용사 · な형용사 · 명사 보통형+らしい]

말하는 이가 자기 생각을 주관적인 판단에 의해 추측할 때 쓰는 표현으로, 어느 정도 확신이 있다고 생각되는 상황에 대해 쓴다.

冗談(じょうだん)で言(い)っただけなのに、どうも怒(おこ)ったらしい。
농담으로 말한 것뿐인데, 아무래도 화가 난 것 같다.

「君、僕らは大歓迎に当たっているのだ。」

「僕らは両方兼ねてるから。」

ずんずん廊下*を進んでいきますと、今度は水色のペンキ塗りの戸がありました。

「どうも変な家だ。どうしてこんなにたくさん戸があるのだろう。」

「これはロシア式だ。寒いとこや山の中はみんなこうさ。」

そして二人はその戸を開けようとします[11]と、上に黄色な字でこう書いてありました。

【当軒は注文の多い料理店ですからどうかそこはご承知ください。】

□ **僕ら** 우리〈ら는 복수를 나타내는 접미사〉
□ **~に当たる** ~에 해당되다
□ **両方** 양쪽, 양방, 양자, 쌍방
□ **兼ねる** 겸하다
□ **ずんずん** 거침없이 빨리 진척되는 모양을 나타냄, 성큼성큼, 척척, 쓱쓱
□ **進む** 나아가다, 진행되다
□ **水色** 물색, 푸른색
□ **ペンキ** 페인트
□ **塗り** 칠, 바름〈塗る 칠하다, 바르다〉
□ **変だ** 이상하다
□ **ロシア式** 러시아식
□ **戸を開ける** 문을 열다
□ **字** 글씨, 글자
□ **当軒** 우리 가게, 저희 가게
□ **承知** 알고 있음, 승낙, 들어줌

"이봐, 우리는 대환영을 받고 있어."

"우리는 양쪽 다 해당되니까."

성큼성큼 복도를 걸어가니, 이번에는 파란색 페인트가 칠해진 문이 있었습니다.

"정말 이상한 집이군. 어째서 이렇게 문이 많이 있는 걸까?"

"이건 러시아식이야. 추운 곳이나 산속은 다 이래."

그리고 두 사람이 그 문을 열려고 하자, 위에 노란색 글씨로 이렇게 쓰여 있었습니다.

【저희 가게는 주문이 많은 요리점이므로, 부디 그 점은 양해해 주십시오.】

11 ~(よ)うとする ~(하)려고 하다 [동사 의지형+とする]

주어의 의지대로 어떤 일이나 행동을 하려고 할 때 쓰는 표현이다.

まだ使(つか)える物(もの)だが、捨(す)てようとしたことありますか。
아직 쓸 수 있는 물건이지만 버리려고 한 적이 있습니까?

★ 집의 구조

屋根(やね) 지붕
塀(へい) 담
床(ゆか) 마루
浴室(よくしつ) 욕실
庭(にわ) 마당
天井(てんじょう) 천장
台所(だいどころ)・キッチン 부엌
お手洗(てあら)い・トイレ 화장실

「なかなかはやってるんだ。こんな山の中で。」

「それぁそうだ。見たまえ*、東京(とうきょう)の大きな料理屋(りょうりや)だって [12] 大通(おおどお)りには少ないだろう。」

二人は言いながら、その戸を開(あ)けました。するとその裏側に、

【注文はずいぶん多いでしょうが、どうかいちいちこらえてください。】

「これはぜんたいどういうんだ。」

一人の紳士は顔をしかめました。

□ はやる(流行る) 유행하다, 인기가 있다
□ それぁ 그것은 =それは
□ 料理屋 음식점
□ 大通り 대로, 큰길
□ すると 그러자, 그랬더니
□ いちいち 하나하나, 일일이
□ こらえる (고통 등을) 참다, 견디다
□ しかめる 찡그리다, 찌푸리다

"굉장히 잘 나가는 집인가 보군. 이런 산속에서."
"그야 그렇겠지. 보게나, 토쿄의 큰 음식점도 큰길에는 많지 않잖아."
두 사람은 말하면서 그 문을 열었습니다. 그러자 문 안쪽에,

【주문이 정말 많겠지만 부디 하나하나 너그럽게 봐 주십시오.】

"이건 도대체 무슨 말이야?"
한 신사가 얼굴을 찌푸렸습니다.

12 ~だって ~도, ~라도, ~조차도 [명사+だって]

비슷한 정도의 것을 예를 들어 말할 때 쓰는 표현으로, 격의 없이 스스럼없는 대화에서 쓴다.

このゲームは大人(おとな)だって楽(たの)しめます。
이 게임은 어른도 즐길 수 있습니다.

*** ~たまえ ~하게**

たまえ는 給(たま)う의 명령형으로, 동사 ます형에 붙어서 남자가 동년배나 손아랫사람에게 가볍고 부드럽게 명령할 때 쓴다.

座(すわ)りたまえ。 앉게.

「うん、これはきっと、注文があまり多くて支度(したく)が手間取(てまど)るけれどもごめんくださいと、こういうことだ。」

「そうだろう。早(はや)くどこか部屋(へや)の中に入りたいもんだな。」

「そしてテーブルに座(すわ)りたいもんだな。」

ところが、どうもうるさいことは、また戸が一(ひと)つありました。そしてそのわきに鏡(かがみ)がかかって、その下(した)には長(なが)い柄(え)の付(つ)いたブラシが置(お)いてあったのです。

戸には赤(あか)い字(じ)で、

【お客様方(きゃくさまがた)、ここで髪(かみ)をきちんとして、それから履(は)きものの泥(どろ)を落(お)としてください。】

と書いてありました。

- □きっと 꼭, 반드시, 틀림없이
- □支度 준비, 채비
- □手間取る (어떤 일에) 시간이 걸리다, 품이 들다, 수고가 되다
- □ごめんください 죄송합니다, 실례합니다
- □うるさい 시끄럽다, 귀찮다, 번거롭다, 성가시다
- □わき(脇) 옆
- □鏡がかかる 거울이 걸리다
- □柄 자루, 손잡이
- □付く 붙다, 달리다
- □ブラシ 빗, 브러시
- □置く 놓다, 두다
- □お客様方 손님분들
- □髪 머리카락
- □きちんと 단정히, 말끔히
- □履きもの 신발
- □泥を落とす 흙(진흙)을 털다, 떨어뜨리다

"응, 이건 틀림없이 주문이 너무 많아서 준비하는데 시간이 걸리지만 양해 바랍니다라는, 그런 뜻이겠지."

"그럴 거야. 빨리 어디든 방안으로 들어갔으면 좋겠군."

"그리고 테이블에 앉았으면 좋겠어."

그런데, 정말 성가시게도 또 문이 하나 있었습니다. 그리고 그 옆에 거울이 걸려 있고 그 아래에는 긴 손잡이가 달린 빗이 놓여져 있었던 것입니다.

문에는 빨간 글씨로,

【손님분들, 여기에서 머리를 단정히 하고, 그리고 나서 신발의 흙을 털어 주십시오.】

라고 쓰여 있었습니다.

「これはどうももっともだ。僕もさっき玄関(げんかん)で、山の中だと思って見(み)くびったんだよ」

「作法(さほう)の厳(きび)しい家だ。きっとよほど偉(えら)い人(ひと)たちが、たびたび来るんだ。」

そこで二人は、きれいに髪をけずって、靴(くつ)の泥を落としました。

そしたら、どうです。ブラシを板(いた)の上(うえ)に置くやいなや[13]、そいつがぼうっとかすんでなくなって、風がどうっと部屋の中に入ってきました。

□ もっともだ 당연하다, 지당하다, 사리에 맞다
□ さっき 아까, 조금 전
□ 見くびる 깔보다, 얕보다, 대수롭지 않게 여기다, 업신여기다, 경시하다
□ 作法 예절, 예의, 예의범절
□ 厳しい 엄하다, 까다롭다
□ よほど 상당히, 무척, 꽤
□ 偉い 훌륭하다
□ たびたび 자주, 번번이, 여러 번
□ そこで 그래서, 그런 까닭으로
□ けずる 머리를 빗다, 빗질하다
□ そしたら 그랬더니
□ 板 판자
□ そいつ 그것, 그 녀석
□ ぼうっと 희미하게, 흐릿하게
□ かすむ 흐릿하게 보이다, 뿌옇게 보이다
□ なくなる 없어지다, 사라지다

“이건 정말 당연한 말이야. 나도 아까 현관에서 산속이라고 생각해서 우습게 봤었어.”

“예절이 까다로운 곳이군. 분명 상당히 지체 높은 사람들이 자주 오나 봐.”

그래서 두 사람은 깨끗하게 머리를 빗고 구두의 흙을 털었습니다.

그랬더니, 어떻게 된 일일까요? 빗을 선반 위에 두자마자, 그것이 희미하게 사라져 없어지고, 바람이 위잉 하고 방안으로 들어왔습니다.

13 ～やいなや ~(하)자마자 [동사 기본형+やいなや]

어떤 행동을 막 끝냄과 동시에 뒤이어 다른 행동을 하는 경우에 쓰는 표현으로, 두 동작이 일어나는 시간적 간격이 매우 짧다.

授業(じゅぎょう)が終(お)わるやいなや、教室(きょうしつ)を出(で)ていった。
수업이 끝나자마자 교실을 나갔다.

二人はびっくりして、たがいに寄(よ)りそって、戸をガタンと開(あ)けて、次(つぎ)の部屋へ入っていきました。早く何(なに)か温(あたた)かいものでも食べて、元気(げんき)をつけて[*]おかないと[14]、もう途方(とほう)もないことになってしまうと、二人とも思ったのでした。

戸の内側(うちがわ)に、また変(へん)なことが書いてありました。

【鉄砲(てっぽう)とたまをここへ置いてください。】

見ると、すぐ横(よこ)に黒い台(だい)がありました。

□びっくりする 깜짝 놀라다
□たがいに 서로 〈보통 앞에 お를 붙여서 おたがいに의 형태로 많이 씀〉
□寄りそう (맞닿을 정도로) 바싹 달라붙다, 다가붙다
□ガタンと 쾅, 쿵, 뚝
□温かい 따뜻하다
□途方もない 어쩔 도리가 없다, 사리에 맞지 않다, 터무니없다
□〜ことになる 〜하게 되다
□〜とも 〜모두, 〜다
□内側 안쪽, 내면
□たま 총알
□台 받침, 대

두 사람은 깜짝 놀라 서로 바싹 달라붙어 문을 쾅 하고 열고 다음 방으로 들어갔습니다. 빨리 뭔가 따뜻한 것이라도 먹고 기운을 차려 두지 않으면 큰일이 나겠다고 두 사람 모두 생각했던 것입니다.

문 안쪽에 또 이상한 말이 쓰여 있었습니다.

【권총과 총알을 이곳에 놓아 두십시오.】

둘러보니, 바로 옆에 검은 탁자가 있었습니다.

---

14 ～ておかないと ～해 두지 않으면 [동사 て형+おかないと]

'~해 놓다, ~해 두다'란 뜻인 ～ておく의 부정형에서 온 표현으로, 미리 행동을 취해 놓지 않으면 좋지 않은 일이 일어난다는 일종의 경고 또는 충고의 뜻을 나타낸다.

今(いま)勉強(べんきょう)しておかないと、あとで後悔(こうかい)します。
지금 공부해 두지 않으면 나중에 후회합니다.

*** 元気～**

元気(げんき)をつける 기운을 차리다
元気(げんき)を出(だ)す 기운을 내다
元気(げんき)が出(で)る 기운이 나다
元気(げんき)がない 기운이 없다
元気(げんき)になる 기운을 회복하다

「なるほど*、鉄砲を持(も)ってものを食(く)うという法(ほう)はない。」

「いや、よほど偉い人が始終(しじゅう)来ているんだ。」

二人は、鉄砲を外(はず)し、帯皮(おびかわ)を解(と)いて、それを台の上に置きました。

また黒い戸がありました。

【どうか帽子(ぼうし)と外套(がいとう)と靴をお取(と)りください。】

「どうだ、取るか。」

「しかたない、取ろう。確(たし)かによっぽど偉い人なんだ。奥(おく)に来ているのは。」

- □ 持つ 가지다, 지니다
- □ もの 음식, 먹을 것 〈여기서는 음식의 총칭으로 쓰였음〉
- □ 食う 먹다 〈食べる보다 거친 느낌으로 남자가 씀〉
- □ 法 법
- □ いや 아니 〈가볍게 부정할 때 쓰는 말〉
- □ 始終 시종, 항상, 언제나, 늘
- □ 外す 벗다, 떼다
- □ 帯皮 가죽 띠 〈여기서는 총을 꽂는 허리띠를 가리킴〉
- □ 解く 풀다, 벗다
- □ 帽子 모자
- □ 外套 외투
- □ 取る 벗다
- □ しかたない 어쩔 수 없다, 하는 수 없다
- □ 確かに 분명히, 확실히
- □ よっぽど 상당히, 꽤 〈よほど의 힘줌말〉
- □ 奥 안쪽, 구석

"과연, 권총을 지니고 식사를 하는 법은 없지."
"아니, 지체 높은 사람이 항상 와 있나 봐."
두 사람은 권총을 빼고 가죽 띠를 풀어 그것을 탁자 위에 놓았습니다.
또 검은 문이 있었습니다.
【부디 모자와 외투와 신발을 벗어 주십시오.】
"어떻게 할까? 벗을까?"
"어쩔 수 없지, 벗자. 확실히 꽤 지체 높은 사람이야. 안에 와 있는 사람은."

*** なるほど 정말, 과연, 참으로, 정말 그렇군, 과연 그렇군**

상대방의 의견에 동의하거나, 상대의 말에 동감임을 나타낼 쓴다.

なるほど美(うつく)しい花(はな)ですね。 정말 아름다운 꽃이네요.
なるほど、君(きみ)が言(い)ったとおりだよ。 과연 그렇군, 자네가 말한 대로야.

二人は帽子とオーバコートを釘にかけ、靴を脱いでペタペタ歩いて戸の中に入りました。

戸の裏側には、

【ネクタイピン、カフスボタン、眼鏡、財布、その他金物類、ことに尖ったものはみんなここに置いてください。】

と書いてありました。戸のすぐ横には黒塗りの立派な金庫も、ちゃんと口を開けて置いてありました。鍵まで添えてあったのです。

「ははあ、何かの料理に電気を使うと見えるね。金気のものは危ない。ことに尖ったものは危ないと、こう言うんだろう。」

「そうだろう。してみると、勘定は帰りにここで払うのだろうか。」

두 사람은 모자와 오버코트를 못에 걸고 신발을 벗고 철떡철떡 걸어서 문 안으로 들어갔습니다.

문 안쪽에는,

【넥타이핀, 커프스 단추, 안경, 지갑, 그 밖의 금속류, 특히 뾰족한 물건은 모두 이곳에 두십시오.】

라고 쓰여 있었습니다. 문 바로 옆에는 검은 칠을 한 멋진 금고도 이미 문을 열어 놓여져 있었습니다. 열쇠까지 곁들여 있는 것이었습니다.

"아하, 어떤 요리에 전기를 쓸 모양인가봐. 금속류의 물건은 위험하지. 특히 뾰족한 것은 위험하다는 그런 말일 거야."

"그럴거야. 그렇다면, 계산은 돌아갈 때 여기에서 지불하는 걸까?"

□オーバコート 오버코트
□釘 못
□かける 걸다
□脱ぐ 벗다 ↔ 着(き)る 입다
□ペタペタ 계속하여 들러붙었다 떨어졌다 하는 모양, 철떡철떡
□ネクタイピン 넥타이 핀
□カフスボタン 커프스 단추
□財布 지갑
□その他 그 밖에, 기타
□金物類 금속류
□尖る 뾰족하다
□黒塗り 검게 칠함 또는 그런 것
□金庫 금고
□ちゃんと 꼼꼼히, 제대로, 착실하게, 분명히, 이미
□鍵 열쇠
□添える 곁들이다, 첨부하다
□ははあ 아하, 그렇구나, 그래 맞아 〈짐작이나 납득이 갈 때 씀〉
□電気 전기
□使う 쓰다, 사용하다
□～と見える ~처럼 보이다, ~인 모양이다
□金気 철분, 쇳물 〈金気のもの 철물, 금속류〉
□危ない 위험하다
□勘定 대금, 지불, 계산
□帰り 귀가, 돌아갈 때
□払う 내다, 지불하다, 계산하다

「どうもそうらしい。」

「そうだ。きっと。」

二人は眼鏡を外したり、カフスボタンを取ったり、みんな金庫の中に入れて、パチンと錠(じょう)をかけました。

少し行きますと、また戸があって、その前にガラスのつぼが一つありました。戸にはこう書いてありました。

【つぼの中のクリームを顔や手足(てあし)にすっかり塗(ぬ)ってください。】

見ると確かにつぼの中のものは牛乳(ぎゅうにゅう)のクリームでした。

□ 眼鏡を外す 안경을 벗다
□ ~たり~たり(する) ~거나 ~거나(하다)
□ ボタンを取る 단추를 풀다
□ 入れる 넣다
□ パチンと 탁, 찰깍 〈세게 치거나 단추 등을 잠글 때 나는 소리〉
□ 錠 자물쇠 〈錠をかける 자물쇠를 걸다〉
□ つぼ(壷) 단지, 항아리
□ クリーム 크림
□ 手足 손발
□ 塗(ぬ)る 바르다, 칠하다
□ 牛乳 우유

“아무래도 그런 것 같아.”

“그래. 틀림없어.”

두 사람은 안경을 벗고 커프스 단추를 풀어서 모두 금고 안에 넣고 찰칵 하고 자물쇠를 잠갔습니다.

조금 가자 다시 문이 있고 그 앞에 유리 항아리가 하나 있었습니다. 문에는 이렇게 쓰여 있었습니다.

【항아리 속의 크림을 얼굴과 손발에 전부 발라 주십시오.】

살펴보니 분명히 항아리 안의 것은 우유크림이었습니다.

「クリームを塗れというのはどういうんだ。」

「これはね、外(そと)が非常(ひじょう)に寒いだろう。部屋の中があんまり暖(あたた)かいとひびが切(き)れるから、その予防(よぼう)なんだ。どうも奥には、よほど偉い人が来ている。こんなとこで、案外(あんがい)僕らは、貴族(きぞく)と近(ちか)づきになるかもしれない[15]よ。」

二人はつぼのクリームを、顔に塗って手(て)に塗って、それから靴下(くつした)を脱いで足(あし)に塗りました。それでもまだ残(のこ)っていましたから、それは二人ともめいめいこっそり顔へ塗るふりをしながら食べました。

□ **非常に** 매우, 상당히
□ **ひびが切れる** 추위로 살갗이 트다
□ **予防** 예방
□ **案外** 예상 외, 뜻밖에
□ **貴族** 귀족, 가문이나 신분이 높은 사람
□ **近づきになる** 교제하다, 친해지다, 친숙한 사이가 되다
□ **靴下** 양말
□ **それでも** 그래도
□ **残る** 남다
□ **めいめい** 각자, 각각, 제각기
□ **こっそり** 살짝, 남 몰래
□ **～ふりをする** ~척하다

"크림을 바르라는 건 무슨 뜻이지?"

"이건 말이지, 바깥이 매우 춥잖아? 방안이 너무 따뜻하면 피부가 트니까, 그걸 예방하자는 거야. 아무래도 안에는 상당히 지체 높은 사람이 와 있어. 이런 곳에서 의외로 우리는 귀족과 친해질지도 모르겠군."

두 사람은 항아리의 크림을 얼굴에 바르고 손에 바르고, 그리고 나서 양말을 벗어 발에 발랐습니다. 그래도 아직 남아 있었기 때문에, 그것은 두 사람 모두 각자 살짝 얼굴에 바르는 시늉을 하면서 먹었습니다.

15 ～かもしれない ～(일)지도 모른다

[동사 · い형용사 보통형, な형용사 어간, 명사+かもしれない]

말하는 이의 주관적 판단에 따라 확실하지는 않지만 그럴 가능성이 있음을 나타내는 경우에 쓰는 표현이다.

この仕事(しごと)は君(きみ)にとって最後(さいご)のチャンスかもしれない。
이 일은 너에게 있어서 마지막 기회일지도 모른다.

それから大急ぎで戸を開けますと、その裏側には、

【クリームをよく塗りましたか、耳にもよく塗りましたか。】

と書いてあって、小さなクリームのつぼがここにも置いてありました。

「そうそう、僕は耳には塗らなかった。危なく耳にひびを切らすとこだった[16]。ここの主人は実に用意周到だね。」

「ああ、細かいとこまでよく気がつくよ。ところで、僕は早く何か食べたいんだが、どうも、こう、どこまでも廊下じゃしかたないね。」

□大急ぎで 매우 급하게
□そうそう 그래 그래
□危なく 하마터면, 자칫하면 =おやうく
□ひびを切らす 피부를 트게 만들다
□主人 주인
□用意周到だ 용의주도하다
□細かい 세심하다, 꼼꼼하다
□気がつく 생각이 미치다

그리고는 서둘러 문을 열었더니 그 안쪽에는,

【크림을 잘 바르셨습니까? 귀에도 잘 바르셨습니까?】

라고 쓰여 있고, 작은 크림 항아리가 이곳에도 놓여 있었습니다.

"그래 그래, 난 귀에는 안 발랐어. 하마터면 귀가 틀 뻔했네. 여기 주인은 정말 용의주도하군."

"그래, 세세한 곳까지 신경을 잘 쓰네. 그건 그렇고, 난 빨리 뭔가 먹고 싶은 데, 정말 이렇게 언제까지나 복도면 어쩔 도리가 없군."

---

16 ～ところだ ～(하)려는 참이다 [동사 기본형+ところだ]

어떤 동작이나 변화가 그 직전 단계에 있음을 나타내는 표현으로, ちょうど · 今 · これから 등의 말과 함께 자주 쓰인다.

今(いま)、ちょうど出(で)かけるところでした。 지금 막 외출하려는 참이었어요.

すると、すぐその前に次の戸がありました。

【料理はもうすぐできます。

十五分とお待たせはいたしません。

すぐ食べられます。

早くあなたの頭に瓶の中の香水をよく振りかけてください。】

そして、戸の前には金ぴかの香水の瓶が置いてありました。

二人はその香水を、頭へパチャパチャ振りかけました。

ところがその香水は、どうも酢のような匂いがするのでした。

「この香水は変に酢くさい。どうしたんだろう。」

「間違えたんだ。下女が風邪でも引いて、間違えて入れたんだ。」

二人は戸を開けて中に入りました。

戸の裏側には、大きな字でこう書いてありました。

그러자, 바로 그 앞에 다음 문이 있었습니다.

【요리는 이제 곧 완성됩니다.

15분도 기다리시지 않게 하겠습니다.

금방 드실 수 있습니다.

서둘러 당신의 머리에 병 속의 향수를 잘 뿌려 주십시오.】

그리고, 문 앞에는 금빛으로 반짝이는 향수병이 놓여 있었습니다.

두 사람은 그 향수를 머리에 찰싹찰싹 뿌렸습니다.

그런데 그 향수는 아무래도 식초 같은 냄새가 나는 것이었습니다.

"이 향수는 이상하게 식초 냄새가 나. 어떻게 된 거지?"

"잘못 갖다 놓았어. 하녀가 감기에라도 걸려서 잘못 넣은 거야."

두 사람은 문을 열고 안으로 들어갔습니다.

문 안쪽에는 커다란 글씨로 이렇게 쓰여 있었습니다.

- □ もうすぐ 이제 곧
- □ ～と (적은 수량을 나타내는 말에 붙어) ~밖에, ~도
- □ 瓶 병
- □ 香水 향수
- □ 振りかける (가루 등을) 뿌리다
- □ 金ぴか 금빛으로 번쩍임
- □ パチャパチャ 물 등을 튀기는 모양, 철벅철벅, 찰싹찰싹
- □ 酢 식초 〈보통 앞에 お를 붙여서 お酢의 형태로 많이 씀〉
- □ 匂い 냄새 〈匂いがする 냄새가 나다〉
- □ 酢くさい 식초 냄새가 나다
- □ 間違える 틀리다, 잘못 알다, 착각하다
- □ 下女 하녀 〈현재는 쓰지 않는 말임〉
- □ 風邪 감기 〈風邪を引(ひ)く 감기에 걸리다〉

【いろいろ注文が多くてうるさかったでしょう。お気(き)の毒(どく)でした。もうこれだけです。どうか体中(からだじゅう)に、つぼの中の塩(しお)をたくさんよくもみ込(こ)んでください。】

なるほど立派な青(あお)い瀬戸(せと)の塩つぼは置いてありましたが、今度という今度*は、二人ともぎょっとして、おたがいにクリームをたくさん塗った顔を見合(みあ)わせました。

「どうもおかしいぜ。」

「僕もおかしいと思う。」

「たくさんの注文というのは、向(む)こうがこっちへ注文してるんだよ。」

□お気の毒だ 딱하다, 가엾다, 불쌍하다
□体中 온몸
□塩 소금
□もみ込む 비비다, 문지르다
□塩つぼ 소금 단지
□今度という今度は 이번에야 말로
□ぎょっと 깜짝 놀라 순간적으로 마음이 흔들리는 모양, 섬뜩, 흠칫
□見合わせる (서로) 마주보다
〈顔(かお)を見合わせる 얼굴을 마주보다〉
□向こう 건너편, 저편
□こっち 이쪽 〈こちら의 스스럼없는 말투〉

【여러 가지로 주문이 많아서 귀찮으셨죠? 고생 많으셨습니다. 이제 이 것으로 끝입니다. 부디 온몸에 항아리 속의 소금을 듬뿍 잘 비벼 주십시오.】

정말 멋진 청색 도자기로 된 소금 항아리가 놓여 있었습니다만, 이번에야말로 두 사람 모두 깜짝 놀라서 서로 크림을 잔뜩 바른 얼굴을 마주보았습니다.

"아무래도 수상한데."

"나도 수상하다고 생각해."

"많은 주문이라는 것은, 상대방이 우리에게 주문하고 있다는 거야."

*** ～という～ ~란 ~은 모두, 모든 ~은**

앞뒤로 동일한 명사나 그에 상당하는 어구가 오는데, 그에 속하는 것은 남김없이 모두 해당된다는 뜻과, 본문에서와 같이 강조를 나타내는 뜻이 있으므로, 문맥에 맞게 적절한 해석을 해야 한다.

森(もり)という森(もり)は酸性雨(さんせいう)の被害(ひがい)をうけた。
삼림이란 삼림은 모두 산성비의 피해를 입었다.

「だからさ、西洋料理店というのは、僕の考(かんが)えるところでは*、西洋料理を、来た人に食べさせるのではなくて、来た人を西洋料理にして、食べてやる家(うち)と、こういうことなんだ。これは、その、つ、つ、つ、つまり、ぼ、ぼ、僕(ぼく)らが……。」

がたがたがたがた、震(ふる)え出(だ)して、もうものが言えませんでした。

「その、ぼ、僕らが、……うわあ。」

がたがたがたがた震え出して、もうものが言えませんでした。

「逃(に)げ……。」

□ だから 그래서, 그러니까
□ ～にする ～로 하다
□ ～てやる ～해 주다, ～할 테다 〈친한 사이나 손아랫사람에게 씀〉
□ つまり 즉, 결국
□ がたがた 몹시 떠는 모양, 부들부들, 덜덜, 벌벌, 와들와들
□ 震え出す (추위, 두려움, 병 등으로) 떨리기 시작하다 〈～出す는 동사 ます형에 붙어 ～(하)기 시작하다란 뜻을 나타냄〉
□ ものが言えない 아무 말도 할 수 없다
□ うわあ 매우 놀랐을 때 내는 감탄사, 우와
□ 逃げる 도망가다, 도망치다

"그러니까 말이야, 서양요리점이라는 것은, 내가 생각하는 바로는 서양요리를 방문한 사람들에게 대접하는 것이 아니라, 방문한 사람들을 서양요리로 만들어서 자신들이 먹는 집이라는, 이런 뜻인 거야. 이건 그, 즈, 즈, 즈, 즉, 우, 우, 우리들이……."

덜덜덜덜, 떨리기 시작해서, 더 이상 아무 말도 할 수 없었습니다.

"그, 우, 우리들이, ……우와~!"

덜덜덜덜 떨리기 시작해서, 더 이상 말이 나오지 않았습니다.

"도망……."

＊ ～ところでは ~바로는

비교적 확실하고 정확한 정보에 의해 얻은 것을 전달할 때 쓴다.

ニュースで聞(き)いたところでは、また金利(きんり)が上(あ)がるそうだ。
뉴스에서 들은 바로는, 또 금리가 오른다고 한다.

がたがたしながら、一人の紳士は後ろの戸を押(お)そうとしましたが、どうです、戸はもう一分(いちぶ)*も動(うご)きませんでした。

奥の方(ほう)にはまだ一枚戸(いちまいと)があって、大きな鍵穴(かぎあな)が二つ付(つ)き、銀色(ぎんいろ)のホークとナイフの形(かたち)が切(き)り出(だ)してあって、

【いや、わざわざご苦労(くろう)です。

大変結構(たいへんけっこう)にできました。

さあさあおなかにお入りください。】

と書いてありました。おまけに、鍵穴(かぎあな)からはきょろきょろ二つの青い目玉(めだま)がこっちをのぞいています。

「うわあ。」がたがたがたがた。

「うわあ。」がたがたがたがた。

二人は泣(な)き出(だ)しました。

□ 動く 움직이다
□ 鍵穴 열쇠 구멍
□ 付く 만들어지다, 나다
□ 銀色 은색
□ ホーク 포크
□ ナイフ 나이프, 칼
□ 切り出す 베어내다, 잘라내다
□ わざわざ 일부러, 특별히
□ 苦労 노고, 고생, 애씀
□ 大変 대단히, 매우
□ 結構に 충분히, 잘
□ さあさあ 자자, 어서 어서 〈뭔가를 권유할 때나 상대방의 회답을 재촉할 때 하는 말〉
□ おまけに 더군다나, 게다가
□ きょろきょろ 침착하지 못하고 주위를 둘러 보는 모양, 두리번두리번, 힐끔힐끔
□ 目玉 눈알, 안구
□ のぞく(覗く) 엿보다, 들여다보다
□ 泣き出す 울기 시작하다

덜덜 떨면서 한 신사가 뒷문을 밀려고 했습니다만, 어떻게 된 일일까요? 문은 전혀 꿈쩍도 하지 않았습니다.

안쪽으로는 아직 문이 하나 있고, 커다란 열쇠 구멍이 두 개 나 있고, 은색 포크와 나이프 모양으로 도려내어져 있어,

【정말, 여기까지 고생이 많으셨습니다.
대단히 잘 하셨습니다.
어서 어서, 안으로 들어오십시오.】

라고 쓰여 있었습니다. 더군다나 열쇠 구멍으로는 두리번거리는 두 개의 푸른 눈동자가 이쪽을 엿보고 있습니다.

"우와~!" 덜덜덜덜.

"우와~!" 덜덜덜덜.

두 사람은 울기 시작했습니다.

★ ~分

단위를 나타내는 말 중의 하나로, 1치〈寸(すん) 3.3cm〉, 1할〈割(わり)〉 등의 10분의 1을 나타낸다.

するとŠ戸の中では、こそこそこんなことを言っています。

「だめだよ。もう気がついたよ。塩をもみ込まないようだよ。」

「あたりまえさ。親分(おやぶん)の書(か)きよう*がまずいんだ。あすこへ、いろいろ注文が多くてうるさかったでしょう、お気の毒でしたなんて、間抜(まぬ)けたことを書いたもんだ。」

「どっちでもいいよ。どうせ僕らには、骨(ほね)も分(わ)けてくれやしないんだ。」

「それはそうだ。けれども、もしここへあいつらが入ってこなかったら、それは僕らの責任(せきにん)だぜ。」

- □ こそこそ 작은 소리로 조용히 이야기하는 모양, 소곤소곤
- □ だめだ 안 된다
- □ あたりまえ 당연함, 마땅함
- □ 親分 (도둑이나 도박단 등의) 두목 ↔ 子分(こぶん) 부하
- □ 書きよう 쓰는 방법, 쓰는 요령, 작성법
- □ まずい 서투르다, 거북하다, 난처하다, 맛없다
- □ あすこ 저기, 저곳 〈あそこ의 변한 말〉
- □ 間(が)抜ける 얼빠지다 , 바보같이 보이다
- □ どうせ 어차피
- □ 骨 뼈
- □ 分ける 나누다
- □ ~てくれる (남이 나에게) ~해 주다
- □ ~や ~는 〈は가 변한 것임〉
- □ もし 만약, 만일, 혹시
- □ 責任 책임

그러자 문 안쪽에서는 소곤소곤 이런 이야기를 나누고 있습니다.

"안 되겠어. 벌써 눈치챘어. 소금을 비벼대지 않은 모양이야."

"당연하지. 두목님이 잘못 썼어. 저쪽에 '여러 가지로 주문이 많아 귀찮으셨죠? 고생 많으셨습니다.' 따위의 바보 같은 말을 썼기 때문이야."

"어찌됐든 상관없어. 어차피 우리한테는 뼈다귀도 나누어 주지 않아."

"그야 그렇지. 그렇지만, 만약 여기에 저 녀석들이 들어오지 않으면, 그건 우리 책임이 된다고."

*** ~よう ~하는 수, ~방법, ~요령**

앞에 오는 동사와 관련된 방법, 요령, 수단 등을 나타내는데, 보통 ~ようがない(~할 방법이 없다)의 형태로 많이 쓰인다.

やりよう 하는 방법

そのことについては、何(なん)とも言(い)いようがない。

그 일에 대해서는, 뭐라고 말할 수가 없다.

「呼(よ)ぼうか、呼(よ)ぼう。おい、お客(きゃく)さん方(がた)、早くいらっしゃい。いらっしゃい。いらっしゃい。お皿(さら)も洗(あら)ってありますし、菜(な)っ葉(ぱ)ももうよく塩でもんでおきました。あとは、あなた方(がた)と、菜っ葉をうまく取(と)り合(あ)わせて、真(ま)っ白(しろ)なお皿にのせるだけです[17]。早くいらっしゃい。」

「へい、いらっしゃい、いらっしゃい。それともサラドはお嫌(きら)いですか。そんなら、これから火(ひ)を起(お)こして、フライにしてあげましょうか。とにかく早くいらっしゃい。」

□ おい 야, 저기, 이봐 〈상대방을 부를 때 쓰는 말로, 주로 남자들이 씀〉
□ お皿 접시
□ 洗う 씻다, 설거지하다
□ 菜っ葉 푸성귀의 잎 또는 잎을 먹는 푸성귀
□ もむ 비비다, 주무르다
□ あとは 다음은
□ 取り合わせる (적절하게) 섞다, 배합하다, 그러모으다
□ 真っ白な 새하얀
□ のせる(載せる) 담다, 싣다, 올리다
□ へい 어이, 저기요 〈상대방의 주의를 끌기 위한 말〉
□ それとも 그렇지 않으면
□ サラド 샐러드 〈サラダ의 옛 표기법〉
□ 嫌いだ 싫다
□ そんなら 그렇다면, 그럼 〈それなら의 변한말〉
□ これから 지금부터
□ 火を起こす 불을 피우다
□ フライ 프라이, 튀김
□ とにかく 어쨌든

"부를까? 부르자. 이봐요, 손님, 빨리 오세요. 어서 오세요. 어서 오세요. 접시도 씻어 놓았고, 푸성귀도 벌써 소금으로 잘 버무려 두었습니다. 이젠 당신들과 푸성귀를 잘 섞어서 새하얀 접시에 담기만 하면 됩니다. 빨리 오세요."

"어이, 어서 오세요, 어서 오세요. 아니면 샐러드는 싫으십니까? 그렇다면, 지금부터 불을 피워 프라이로 해 드릴까요? 어쨌든 빨리 오세요."

---

17 ~だけだ ~할 뿐이다 [동사 · い형용사 보통형, な형용사な+だけだ]

어떤 일이나 상황에 대한 동작을 제한하거나 한정을 나타낼 때 쓰는 표현이다.

めまいがして、少(すこ)し横(よこ)になっているだけです。
현기증이 나서, 잠깐 누워 있을 뿐입니다.

二人はあんまり心(こころ)を痛(いた)めたために[18]、顔がまるでくしゃくしゃの紙(かみ)くずのようになり、おたがいにその顔を見合(みあ)わせ、ぶるぶる震(ふる)え、声(こえ)もなく泣きました。

中では、フッフッと笑(わら)って、またさけんでいます。

「いらっしゃい、いらっしゃい。そんなに泣いてはせっかくのクリームが流(なが)れるじゃありませんか。へい、ただいま。じき持(も)ってまいります。さあ、早くいらっしゃい。」

「早くいらっしゃい。親方(おやかた)がもうナフキンをかけて、ナイフを持って、舌(した)なめずりして、お客様方(きゃくさまがた)を待(ま)っていられます。」

二人は泣いて泣いて泣いて泣きました。

- □ 心を痛める　마음을 다치다, 마음이 상하다
- □ くしゃくしゃ　꾸깃꾸깃
- □ 紙くず　종이 부스러기, 종잇조각
- □ ぶるぶる　두려움과 공포로 인해 몹시 떨고 있는 모양, 부들부들
- □ 声　(목)소리
- □ さけぶ(叫ぶ)　외치다, 소리치다
- □ そんなに　그렇게
- □ せっかく　모처럼
- □ 流れる　흐르다
- □ ただいま　바로 지금
- □ じき　시간이나 거리가 매우 가까움을 나타내는 말, 곧, 바로
- □ ～てまいる　~해 오다, 해 가다 〈～てくる・～て行く의 겸양표현〉
- □ 親方　주인님, 두목
- □ ナフキン　냅킨
- □ 舌なめずり　입맛을 다심, 쩝쩝거림 〈舌なめずりする 입맛을 다시다, 쩝쩝거리다〉
- □ ～ていられる　~하고 계시다 〈～ている의 존경표현〉

두 사람은 너무나도 무서워서 얼굴이 마치 꾸깃꾸깃한 종이조각처럼 되어, 서로 그 얼굴을 마주보며 부들부들 떨면서 소리도 없이 울었습니다.

안에서는 후훗 하고 웃으며 또 소리치고 있습니다.

"어서 오세요, 어서 오세요. 그렇게 울면 기껏 바른 크림이 흘러 내리잖아요! 저기요, 지금 갑니다. 바로 가져다 드리겠습니다. 자, 빨리 오세요."

"빨리 오세요. 두목님이 벌써 냅킨을 두르고 나이프를 들고, 입맛을 다시면서 손님을 기다리고 계십니다."

두 사람은 울고 울고 울고 울었습니다.

18 ～たために ～했기 때문에, ～한 탓으로 [동사 た형+ために]

어떤 행동이나 상황이 일어나게 된 이유나 원인을 나타낸다. 뒷문장에는 앞문장의 내용으로 인한 결과가 온다.

地下鉄(ちかてつ)で眠(ねむ)ってしまったために乗(の)り過(す)ごしてしまった。
지하철에서 잠들어 버린 탓으로 하차역을 지나쳤습니다.

そのとき、後(うし)ろからいきなり、

「ワン、ワン、グワア。」

という声がして、あの白熊のような犬が二匹、戸をつき破(やぶ)って部屋の中に飛(と)び込(こ)んできました。

鍵穴(かぎあな)の目玉(めだま)はたちまちなくなり、犬どもはウーとうなってしばらく部屋の中をくるくる*回(まわ)っていましたが、また一声(ひとこえ)、

「ワン。」

と高(たか)くほえて、いきなり次の戸に飛(と)びつきました。戸はがたりと開(ひら)き、犬どもは吸(す)い込(こ)まれるように飛んでいきました。

□ いきなり　갑자기, 느닷없이
□ ワン　멍 〈개가 짖는 소리〉
□ 声がする　(목)소리가 나다
□ つき破る　뚫다, 찢다, 돌파하다, 밀어 뜨리다
□ 飛び込む　뛰어들다
□ たちまち　곧, 금새, 순식간에
□ ～ども　~들 〈복수를 뜻하는 접미사〉
□ ウー　우~ 〈동물이 으르렁거리며 내는 소리〉
□ うなる　으르렁거리다
□ しばらく　한참 동안, 얼마 동안, 당분간
□ ほえる　(개가) 짖다
□ 飛びつく　달려들다, 덤벼들다
□ がたりと　단단하고 무거운 것이 부딪치거나 움직일 때 나는 소리, 쿵, 쾅, 덜커덩
□ 開く　열리다, 펴지다
□ 吸い込む　빨아들이다, 흡입하다

그때 뒤에서 갑자기,

"멍, 멍, 크와~!"

하는 소리가 나며, 백곰 같은 개 두 마리가 문을 깨부수고 방안으로 뛰어들어 왔습니다.

열쇠 구멍의 눈동자는 금새 사라지고, 개들은 우~ 하고 으르렁거리며 잠시 방안을 빙글빙글 돌고 있었습니다만, 다시 한 번,

"멍!"

하고 크게 짖으며 갑자기 다음 문으로 달려들었습니다. 문이 쿵 하고 열리고 개들은 빨려 들어가는 듯이 달려 나갔습니다.

＊ くるくる와 ぐるぐる

くるくる(뱅글뱅글)는 작고 가벼운 것이 몇 번 돌아가는 경우에 쓰고, ぐるぐる(빙글빙글)는 크고 무거운 것이 많이 돌아가는 경우에 쓴다. 참고로 ころころ(대굴대굴)는 야구공 등의 작고 가벼운 것이 굴러갈 때 쓰고, ごろごろ(데굴데굴)는 바위 등의 크고 무거운 것이 큰소리를 내며 굴러갈 때 쓴다.

その戸の向こうの真っ暗やみの中で、

「ニャアオ、クワア、ごろごろ。」

という声がして、それからガサガサ鳴りました。

部屋はけむりのように消え、二人は寒さにぶるぶる震えて、草の中に立っていました。

見ると、上着や靴や財布やネクタイピンは、あっちの枝にぶら下がったり、こっちの根もとに散らばったりしています。風がどうと吹いてきて、草はザワザワ、木の葉はカサカサ、木はゴトンゴトンと鳴りました。

犬がフーとうなって、戻ってきました。

そして後ろからは、

「旦那あ、旦那あ。」

とさけぶ者があります。

- 真っ暗やみ 캄캄한 어둠
- ニャアオ 야옹 〈고양이의 울음 소리〉
- ごろごろ 데굴데굴
- けむり 연기
- 消える 사라지다, 없어지다
- 上着 상의, 윗옷 ↔ 下着(したぎ) 하의, 속옷
- 枝 가지
- ぶら下がる 늘어지다, 매달리다
- 根もと 뿌리, 밑동
- 散らばる 흩어지다, 분산하다, 어질러지다
- 旦那 주인님, 나리 〈하인이 고용인을 부르는 호칭〉
- 者 자 〈人보다, 경시하는 뉘앙스가 있음〉

그 문 건너편의 캄캄한 어둠 속에서,

"야옹, 크와~, 데굴데굴."

하는 소리가 나고, 그리고 나서 버스럭거리는 소리가 났습니다.

방은 연기처럼 사라지고, 두 사람은 추위에 벌벌 떨면서 수풀 속에 서 있었습니다.

둘러 보니, 윗옷과 신발과 지갑과 넥타이핀은 저쪽의 나뭇가지에 걸려 있거나, 이쪽의 뿌리 쪽에 흩어져 있거나 합니다. 바람이 윙 하고 불어와 풀은 바삭바삭, 나뭇잎은 바스락바스락, 나무는 윙윙 하고 소리를 냈습니다.

개가 후~ 하고 으르렁거리며 되돌아왔습니다.

그리고 뒤쪽에서는,

"주인니임, 주인니임."

하고 외치는 자가 있습니다.

二人はにわかに元気がついて、

「おうい、おうい、ここだぞ、早く来い。」

とさけびました。

みの帽子(ぼうし)をかぶった専門(せんもん)の猟師(りょうし)が、草をザワザワ分(わ)けてやって来(き)ました。

そこで、二人はやっと安心(あんしん)しました。

そして、猟師の持ってきた団子(だんご)を食べ、途中(とちゅう)で十円だけ山鳥(やまどり)を買って東京(とうきょう)に帰りました。

しかし、さっきいっぺん紙(かみ)くずのようになった二人の顔だけは、東京に帰っても、お湯(ゆ)に入(はい)っても、もう元(もと)のとおりに[19]治(なお)りませんでした。

- □ にわかに 갑작스럽게
- □ 元気がつく 기운이 나다
- □ おうい 어이 〈누군가를 부를 때 하는 말〉
- □ みの帽子 밀짚으로 만든 삿갓

- □ かぶる (뒤집어) 쓰다
- □ 猟師 사냥꾼
- □ やって来る 찾아오다, 다가오다
- □ やっと 겨우, 간신히
- □ 安心する 안심하다
- □ 持ってくる 가지고 오다
- □ 団子 경단
- □ 途中で 도중에
- □ いっぺん 한번 〈いっぺんに 한번에, 단번에〉
- □ お湯に入る 목욕하다
- □ 元 원래, 본래
- □ 治る (병 · 상처 등이) 고쳐지다, 낫다, 바로잡히다

두 사람은 갑자기 기운이 나서,

"이봐, 이봐, 여기 있네, 빨리 와!"

하고 소리쳤습니다.

밀집 삿갓을 쓴 전문 사냥꾼이 수풀을 바삭바삭 헤치며 다가왔습니다.

그리하여 두 사람은 겨우 안심했습니다.

그리고 사냥꾼이 가지고 온 경단을 먹고, 도중에 10엔어치 산새를 사서 토쿄로 돌아왔습니다.

그러나, 이전에 한번 종이조각처럼 되었던 두 사람의 얼굴만은 토쿄로 돌아와도 목욕을 해도 더 이상 예전 대로 회복되지 않았습니다.

---

19 ～とおりに ～대로 [동사 기본형 · た형, 명사+どおりに | 명사の+とおりに]

앞에 오는 말 그대로 똑같다는 뉘앙스를 나타내는 표현으로, 있는 그대로의 모습으로 유지하는 경우에 쓴다.

企画案(きかくあん)のとおりに、工事(こうじ)が進(すす)む予定(よてい)です。
기획안 대로 공사가 진행될 예정입니다.

いちょうの実

空のてっぺんなんか冷たくて冷たくて、まるでカチカチの焼きをかけた鋼です。

　そして星がいっぱいです。けれども東の空はもう、優しいききょうの花びらのようにあやしい底光りを始めました。

　その明け方の空の下、昼の鳥でも行かない高い所を、鋭い霜のかけらが風に流されて、サラサラサラサラ南の方へ飛んでいきました。

　実にそのかすかな音が、丘の上の一本いちょうの木に聞こえるくらい澄み切った明け方です。

은행나무 열매

하늘의 꼭대기는 차디 차서, 마치 단단하게 담금질이 된 강철 같습니다.

그리고 별이 가득합니다. 그러나 동쪽 하늘은 이미 부드러운 도라지 꽃잎처럼 신비스러운 그윽한 빛을 비추기 시작했습니다.

그 동틀 무렵의 하늘 아래, 대낮의 새들도 가지 않는 높은 곳을 날카로운 서리 조각이 바람에 날려 살랑살랑 살랑살랑 남쪽으로 날아갔습니다.

실제로 그 어렴풋한 소리가 언덕 위에 있는 한 그루의 은행나무에게 들릴 정도로 투명한 새벽입니다.

- □ いちょう 은행나무
- □ 実 열매
- □ てっぺん 꼭대기, 정상
- □ ～なんか ~따위, ~같은 것 =など
- □ カチカチ 꽁꽁 〈매우 딱딱한 모양〉
- □ 焼きをかける 담금질하다 =焼きを入れる
- □ 鋼 강철
- □ 星 별
- □ ききょう 도라지
- □ 花びら 꽃잎
- □ あやしい 신비스럽다, 괴상하다, 의심스럽다
- □ 底光り 그윽한 빛
- □ 始める 시작하다
- □ 明け方 새벽녘, 동틀 무렵 ↔ 夕方(ゆうがた) 저녁때, 해질녘
- □ 鋭い 날카롭다, 예리하다 ↔ 鈍(にぶ)い 둔하다, 무디다
- □ 霜 서리
- □ かけら 조각
- □ 風に流される 바람에 날리다
- □ サラサラ 살랑살랑
- □ かすかだ 희미하다, 미약하다, 어렴풋하다
- □ 丘 언덕
- □ 澄み切る 아주 맑아지다, 아주 맑게 트이다 〈切る는 동사 ます형에 붙어 '끝까지 ~하다, 다 ~하다'란 뜻을 나타냄〉

いちょうの実(み)は、みんな一度(いちど)に目(め)を覚(さ)ましました。そしてどきっとしたのです。今日(きょう)こそ[1]は、確(たし)かに旅立(たびだ)ちの日(ひ)でした。みんなも前(まえ)からそう思っていましたし、昨日(きのう)の夕方(ゆうがた)やって来(き)た二羽(にわ)の烏(からす)も、そう言いました。

「僕なんか、落(お)ちる途中(とちゅう)で目が回(まわ)らないだろうか。」

一つの実が言いました。

「よく目をつぶっていけばいいさ。」

も一つが答(こた)えました。

「そうだ。忘(わす)れていた。僕、水筒(すいとう)に水(みず)をつめておくんだった。」

- □ 一度に 한번에, 단번에, 한꺼번에
- □ 目を覚ます 눈을 뜨다, 기상하다
- □ どきっと 놀람이나 기대 등으로 두근거리는 모양, 두근두근, 뜨금뜨끔
- □ 旅立ち 여행을 떠남 〈旅を立つ 여행을 떠나다〉
- □ 前から 전부터, 예전부터
- □ ~羽 ~마리 〈새 등의 조류를 셀 때 쓰는 조수사〉
- □ 烏 까마귀
- □ 落ちる 떨어지다
- □ 目が回る 눈이 (핑핑) 돌다
- □ 目をつぶる 눈을 감다
- □ 答える 대답하다
- □ 忘れる 잊다
- □ 水筒 물통
- □ つめる 담다, 채우다

은행나무 열매는 모두 한꺼번에 눈을 떴습니다. 그리고 가슴이 두근거렸습니다. 오늘이야말로 확실히 여행을 떠나는 날이었습니다. 모두 예전부터 그렇게 생각하고 있었고, 어제 저녁 무렵 찾아온 두 마리의 까마귀도 그렇게 말했습니다.

"나 같은 애는 떨어지는 도중에 눈이 핑핑 돌지 않을까?"

열매 하나가 말했습니다.

"눈을 꼭 감고 가면 되지."

다른 열매 하나가 대답했습니다.

"그래. 깜박했다. 나, 물통에 물을 담아 두는건데."

---

1 ～こそ ~야 말로

앞에 오는 말을 주관적으로 강조하고자 할 때 쓰는 표현이다.

これこそ私が求(もと)めていたものです。 이것이야 말로 내가 찾고 있던 것입니다.

「僕はね*、水筒のほかにはっか水(すい)を用意(ようい)したよ。少(すこ)しやろうか。旅(たび)へ出(で)て、あんまり心持(こころも)ちの悪(わる)い時(とき)はちょっと飲(の)むといいって[2]、おっかさんが言ったぜ。」

「なぜおっかさんは、僕へはくれないんだろう。」

「だから、僕あげるよ。おっかさんを悪く思っちゃすまないよ。」

そうです。このいちょうの木はお母(かあ)さんでした。

今年(ことし)は、千人(せんにん)の黄金色(きんいろ)の子供(こども)が生(う)まれたのです。

そして今日こそ、子供らがみんな一緒(いっしょ)に旅に立つのです。お母さんはそれをあんまり悲(かな)しんで、扇形(おうぎがた)の黄金(きん)の髪(かみ)の毛(け)を昨日までにみんな落(お)としてしまいました。

- □ ～のほかに ~외에
- □ はっか水 박하수
- □ 用意する 준비하다
- □ やる (내가 남에게, 남이 남에게, 동·식물에게) 주다
- □ 心持ち 기분, 심기, 심정
- □ おっかさん 엄마 〈아이들이 엄마를 허물없이 부를 때 쓰는 おっかあさん의 줄임말〉
- □ くれる (남이 나에게) 주다
- □ あげる (내가 남에게, 남이 남에게) 주다
- □ すまない 미안하다
- □ 黄金色 황금색
- □ 生まれる 태어나다
- □ 一緒に 함께
- □ 悲しむ 슬퍼하다
- □ 扇形 부채꼴
- □ ～までに ~까지는 〈는 그 시점까지 계속된 동작을 나타내는 한편, 는 그 시점 내에 완료된 일을 나타냄〉

"난 말이지, 물통 외에 박화수를 준비했어. 조금 줄까? 여행을 떠나서 너무 기분이 안 좋을 때에는 조금 마시면 좋다고 엄마가 그랬거든"

"왜 엄마는 나한테는 안 주시지?"

"그러니까, 내가 줄게. 엄마를 나쁘게 생각하면 엄마한테 죄송하잖아."

그렇습니다. 이 은행나무는 엄마였습니다.

올해는 천 명의 황금색 아이가 태어났습니다.

그리고 바로 오늘 아이들이 모두 함께 여행을 떠납니다. 엄마는 그것을 너무나도 슬퍼하여 부채꼴의 황금 머리카락을 어제까지 모두 떨어뜨려 버렸습니다.

2 ～って ~래

남에게 들은 것을 전할 때 쓰는 표현으로, 문장 중에서는 '~라고'로, 문장 끝에서는 '~한대, ~래'라고 해석한다.

彼(かれ)は一人(ひとり)でいると寂(さび)しいって、よく言(い)いました。
그는 혼자 있으면 외롭다고, 자주 말했습니다.

新(あたら)しくできたスーパーはとても広(ひろ)いって。
새로 생긴 슈퍼마켓은 매우 넓대.

*** ～ね**

누군가를 부를 때, 상대방의 주의를 끌 때, 자기 생각이나 의견을 말할 때, 상대방에게 친밀감을 나타낼 때 쓴다. 또한, 습관적으로 말을 꺼낼 때 붙이기도 한다.

「ね、あたしどんなとこへ行くのかしら。」

一人のいちょうの女の子が空を見上げて、つぶやくように言いました。

「あたしだって分からないわ。どこへも行きたくないわね。」

も一人が言いました。

「あたし、どんな目にあってもいい[3]から、おっかさんのとこにいたいわ。」

「だって*、いけないんですって。風が毎日そう言ったわ。」

「いやだわね。」

□ **ね** 저기 〈상대방을 불러서 주의를 끌고자 할 때 씀〉

□ **あたし** 나 〈주로 여성들이 씀〉

□ **～かしら** ~일까?, ~할까? 〈주로 여성들이 쓰는 추측을 나타내는 접미사〉

□ **見上げる** 올려다보다

□ **つぶやく** 중얼거리다, 투덜대다

□ **目にあう** 일을 당하다, 꼴을 당하다

□ **いけない** 안 된다

□ **～わ** 말하는 사람의 주장이나 결의를 부드럽게 말할 때 쓰는 종조사

□ **いやだ** 싫다

"저기, 난 어떤 곳으로 가는 걸까?"

한 명의 여자아이 은행나무 열매가 하늘을 올려다보며 중얼거리듯 말했습니다.

"나도 몰라. 아무 데도 가고 싶지 않은걸."

또 하나의 열매가 말했습니다.

"나, 무슨 일이 생겨도 좋으니까 엄마 곁에 있고 싶어."

"그러니까 안 된다고 했잖아. 바람이 매일 그렇게 말했었어."

"정말 싫다!"

---

3 ～てもいい ～해도 된다, ～해도 좋다, ～해도 괜찮다 [동사 て형+もいい]

상대방에게 어떤 행동을 해도 된다고 허락하는 경우에 쓰는 표현이다.

あさってからは練習(れんしゅう)を始(はじ)めてもいいです。
모레부터는 연습을 시작해도 좋습니다.

＊ だって의 쓰임

① 하지만, 그렇지만, 왜냐하면

이유나 원인을 나타낸다. 특히, 변명을 할 경우에 많이 쓴다.

誤(あやま)らなくてもいいよ。だって、君(きみ)は悪(わる)くないんだから。
사과하지 않아도 돼. 왜냐하면, 너는 나쁘지 않으니까.

② ~도, ~조차도, ~도 역시, ~도 또한

명사에 붙어 앞에 나온 내용을 받아서 마찬가지 상황임을 강조할 때 쓴다.

私(わたし)だって、そのくらいは一人(ひとり)でできます。
나도 그 정도는 혼자서 할 수 있습니다.

③ ~라고?

상대방이 말한 사실을 그대로 반복하여 놀람이나 질린 기분을 나타낸다. 손윗사람에게는 쓰지 않는다.

彼女(かのじょ)、もう結婚(けっこん)したんだって？
그녀가 이미 결혼했다고?

「そして、あたしたちもみんなばらばらに別(わか)れてしまうんでしょう。」

「ええ、そうよ。もうあたし、なんにも要(い)らないわ。」

「あたしもよ。今(いま)までいろいろわがままばっかし言って、許(ゆる)して*くださいね。」

「あら、あたしこそ。あたしこそだわ。許してちょうだい。」

東の空のききょうの花びらは、もういつかしぼんだように力(ちから)なくなり、朝(あさ)の白光(しろびか)りが現(あらわ)れ始(はじ)めました。星が、一つずつ消(き)えてゆきます。

□ ばらばらに　뿔뿔이, 따로따로, 제각기
□ 別れる　헤어지다
□ 要る　필요하다
□ わがまま　제멋대로임, 버릇없음
□ ～ばっかし　~만 〈～ばっかり의 허물없는 말투〉
□ あら　어머 〈놀랐을 때 쓰는 감탄사로, 주로 여성들이 씀〉
□ ～てちょうだい　~해 주세요 〈～てください와 같은 뜻으로 친근함을 담아 상대에게 요구하는 것을 나타냄〉
□ いつか　언젠가
□ しぼむ　(풀 · 꽃 등이) 시들다, 시들시들하다
□ 白光り　흰 빛
□ 現れ始める　나타나기 시작하다 〈始める는 동사 ます형에 붙어 '~(하)기 시작하다'란 뜻을 나타냄〉
□ ～ずつ　~씩
□ 消える　사라지다
□ ～てゆく　~(해)져 가다 〈어떤 것이 없어지거나 시야에서 멀어져 가는 것을 나타냄〉 = ～ていく

"그리고, 우리들도 모두 뿔뿔이 헤어지고 말겠지."

"응, 그래. 이제 난 아무것도 필요 없어."

"나도 그래. 지금까지 이것저것 제멋대로만 굴은 거, 용서해 줘."

"어머, 나야말로. 나야말로 그랬어. 용서해 줘."

동쪽 하늘의 도라지 꽃잎은 벌써 어느새 시든 것처럼 힘이 다 하여, 아침의 하얀 햇살이 드러나기 시작했습니다. 별이 하나씩 사라져 갑니다.

★ 許す

두 가지 뜻으로 쓰이므로, 문맥에 맞추어 적절히 해석해야 한다.

허가하다, 허용하다, 허락하다

室内(しつない)での喫煙(きつえん)は許(ゆる)されていません。
실내에서의 흡연은 허용되어 있지 않습니다.

용서하다

どんなことがあっても絶対(ぜったい)に許(ゆる)せません。
어떠한 일이 있어도 절대로 용서할 수 없습니다.

木のいちばんいちばん高い所(ところ)にいた二人のいちょうの男(おとこ)の子(こ)が言いました。

「そら、もう明(あか)るくなったぞ。うれしいなあ。僕はきっと黄金色(きんいろ)のお星様(ほしさま)になるんだよ。」

「僕もなるよ。きっと、ここから落ちれば、すぐ北風(きたかぜ)が空へ連(つ)れてってくれるだろうね。」

「僕は、北風じゃないと思うんだよ。北風は親切(しんせつ)じゃないんだよ。僕は、きっと烏(からす)さんだろうと思うね。」

「そうだ。きっと烏さんだ。烏さんは偉(えら)いんだよ。ここから遠(とお)くてまるで見えなくなるまで、ひと息(いき)*に飛(と)んでいくんだからね。頼(たの)んだら僕ら二人くらい、きっといっぺんに青空(あおぞら)まで連れていってくれるぜ。」

「頼んでみようか。早く来るといいな。」

- □ そら 자, 저런, 봐라 〈주의를 환기시키거나 지시할 때 씀〉
- □ うれしい(嬉しい) 기쁘다
- □ ～なあ ~네, ~구나 〈말하는 이의 감정을 나타냄〉
- □ お星様 별님
- □ 北風 북풍, 겨울 바람
- □ ～てって ~해 가서 〈～ていっての 회화체 줄임말〉
- □ 烏さん 까마귀 씨 〈さん은 까마귀를 의인화하여 붙인 것〉
- □ ひと息に 단숨에
- □ 頼む 부탁하다, 의뢰하다
- □ ～くらい ~정도
- □ いっぺんに 한번에, 한꺼번에
- □ 青空 푸른 하늘, 창공
- □ ～な ~텐데 〈～といいな、～ないかなの 형태로 소망을 나타냄〉

나무의 제일 높은 곳에 있던 두 명의 남자아이 은행이 말했습니다.

"봐, 벌써 날이 밝았어. 신난다. 난 틀림없이 황금색 별님이 될 거야."

"나도 될 거야. 틀림없이 이곳에서 떨어지면 곧바로 북풍이 하늘로 데려가 줄 거야."

"나는 북풍이 아니라고 생각해. 북풍은 친절하지 않거든. 난 틀림없이 까마귀 씨일 거라고 생각해."

"그래. 틀림없이 까마귀 씨야. 까마귀 씨는 대단하거든. 여기서부터 멀리 전혀 보이지 않게 될 때까지 단숨에 날아가니까 말이야. 부탁하면 우리 두 사람 정도는 틀림없이 단번에 푸른 하늘까지 데려가 줄 거야."

"부탁해 볼까? 빨리 오면 좋겠다."

*** ひと～**

ひと(一)는 명사 앞에 붙어서 '한번, 잠깐, 하나'과 같은 뜻을 나타낸다.

一足(ひとあし) 한걸음　一口(ひとくち) 한입　一言(ひとこと) 한마디
一時(ひととき) 한때　一目(ひとめ) 한눈, 첫눈　一月(ひとつき) 한 달
一文字(ひともじ) 한 글자　一重(ひとえ) 한 겹

その少し下(した)で、もう二人が言いました。

「僕は一番初(いちばんはじ)めにあんずの王様(おうさま)のお城(しろ)を訪(たず)ねるよ。そして、お姫様(ひめさま)をさらっていったばけ物(もの)を退治(たいじ)するんだ。そんなばけ物がきっとどこかにあるね。」

「うん。あるだろう。けれども危(あぶ)ないじゃないか。ばけ物は大(おお)きいんだよ。僕たちなんか鼻(はな)でふっと吹(ふ)き飛(と)ばされちまう*よ。」

「僕ね、いいもの持(も)ってるんだよ。だから大丈夫(だいじょうぶ)さ。見(み)せようか。そら、ね。」

「これ、おっかさんの髪(かみ)でこさえた網(あみ)じゃないの。」

□初め 처음, 시작, 먼저
□あんず 살구
□王様 왕, 임금님
□(お)城 성
□訪ねる 방문하다, 찾아가다
□お姫様 공주님
□さらう 날치기하다, 채다, 유괴하다
□ばけ物 도깨비, 요괴, 귀신, 괴물
□退治する 퇴치하다
□ふっと 입을 오므리고 숨을 한번 내쉬는 모양, 훅, 훅 하고
□吹き飛ばす 불어 날려 버리다
□見せる 보여 주다
□こさえる 만들다, 제조하다 〈こしらえる의 방언〉
□網 (새・물고기 등을 잡는) 그물
□～じゃない ~지 않아?, ~아니니?

그 조금 아래에서, 다른 두 사람이 말했습니다.

"난 제일 먼저 살구 임금님의 성을 방문할 거야. 그리고, 공주님을 납치해 간 괴물을 퇴치하는 거야. 그런 괴물은 반드시 어딘가에 있거든."

"응, 있을 거야. 그렇지만 위험하잖아. 괴물은 크단 말이야. 우리들 따위는 코로 훅 하고 날려 버리고 말 거야."

"나 말이지, 좋은 것을 갖고 있어. 그러니까 괜찮아. 보여 줄까? 자, 봐."

"이거, 엄마의 머리카락으로 만든 그물 아니니?"

*** ～ちまう ~해 버리다, ~해 치우다**

～てしまう의 회화체 줄임말인 ～ちゃう와 뜻은 같지만 거친 느낌이 들기 때문에 주로 남자들이 쓴다. ～でしまう는 ～ぢまう・～ぢゃう가 된다.

行(い)ってしまう(가 버리다) → 行っちゃう → 行っちまう
飲(の)んでしまう(마셔 버리다) → 飲んじゃう → 飲んぢまう

「そうだよ。おっかさんがくだすったんだよ。何(なに)か恐(おそ)ろしいことのあった時は、この中に隠(かく)れるんだって。僕ね、この網をふところに入(い)れて、ばけ物に行(い)ってね。もしもし。こんにちは、僕を飲(の)めますか、飲めないでしょう。と、こう言うんだよ。ばけ物は怒(おこ)ってすぐ飲むだろう。僕はその時、ばけ物の胃(い)ぶくろの中でこの網を出(だ)してね、すっかりかぶっちまうんだ。それから、おなか中(じゅう)をめっちゃめちゃに壊(こわ)しちまうんだよ。そら、ばけ物はチブスになって死(し)ぬだろう。そこで僕は出(で)てきて、あんずのお姫様を連れてお城に帰るんだ。そしてお姫様をもらうんだよ。」

- □くだすった (남이 나에게) 주셨다 〈くださる가 て와 た에 연결될 때 くだすって · くだすった의 형태도 이용됨〉
- □恐ろしい 두렵다, 겁나다
- □隠れる 숨다
- □ふところ 품, 품속에 지닌 돈
- □入れる 넣다
- □怒る 화내다
- □胃ぶくろ 위, 위장
- □かぶる (머리 위로) 쓰다, 덮어쓰다
- □それから 그리고 나서
- □おなか中 뱃속 전체
- □めっちゃめちゃ 엉망진창, 뒤죽박죽, 형편 없음 〈めちゃめちゃ의 힘줌말, ＝めちゃくちゃ〉
- □壊す 부수다 〈おなかを壊す 배탈이 나다〉
- □チブス 티푸스 〈고열, 발진 등이 나타나는 법정 전염병임〉
- □そこで 그래서, 그런 까닭으로
- □もらう (사람을 자기 쪽으로) 맞이하다, 일원이 되다

"그래. 엄마가 주셨어. 뭔가 무서운 일이 생겼을 때 이 속에 숨으래. 나 말이지, 이 그물을 품에 넣고 괴물한테 가서 말이야. 여보세요. 안녕하세요, 날 삼킬 수 있습니까? 삼키지 못하죠? 라고 이렇게 말할 거야. 괴물은 화가 나서 금방 삼키겠지? 난 그때 괴물의 위 속에서 이 그물을 꺼내서 말이야, 완전히 뒤집어써 버리는 거야. 그리고 나서, 뱃속 전체를 엉망진창으로 망가뜨려 버리는 거야. 그럼, 괴물은 티푸스에 걸려 죽겠지. 그러면 나는 밖으로 나와 살구 공주님을 데리고 성으로 돌아오는 거지. 그리고 공주님을 신부로 맞이하는 거야."

「本当(ほんとう)にいいね。そんならその時、僕はお客様(きゃくさま)になっていってもいいだろう。」

「いいともさ。僕、国(くに)を半分(はんぶん)分(わ)けてあげるよ。それからおっかさんへは、毎日(まいにち)お菓子(かし)やなんかたくさんあげるんだ。」

星(ほし)がすっかり消(き)えました。東の空は白く燃(も)えているようです。木がにわかにざわざわしました。もう出発(しゅっぱつ)に間(ま)もないのです。

「僕、靴(くつ)が小さいや。めんどうくさい。はだしで行(い)こう。」

「そんなら僕のと替(か)えよう。僕のは少し大きいんだよ。」

「替えよう。あ、ちょうどいいぜ。ありがとう。」

- 本当に 정말로
- ～とも ~고말고 〈반대나 의문의 여지가 없음을 나타냄〉
- 国 나라, 국가 〈보통 앞에 お를 붙여서 お国라고 함〉
- 半分 반, 절반
- 分ける 나누다
- お菓子 과자
- 燃える 불타오르다
- 出発 출발
- 間 (시간적 · 공간적) 틈, 시기, 동안
- めんどうくさい 귀찮다, 성가시다, 번거롭다
- はだし 맨발
- 替える 바꾸다
- ちょうど 마침, 딱

"정말 멋진걸. 그럼 그때 나는 손님으로 가도 되겠지?"

"좋고말고. 내가 나라를 반 나누어 줄게. 그리고 엄마한테는 매일 과자 같은 것을 많이 드릴 거야."

별이 완전히 사라졌습니다. 동쪽 하늘은 하얗게 불타오르고 있는 것 같습니다. 나무가 갑자기 소란스러워졌습니다. 이제 곧 출발할 시간입니다.

"나, 구두가 작아. 귀찮아. 맨발로 가야지."

"그럼 내 것이랑 바꾸자. 내 것은 조금 크거든."

"바꾸자. 아, 딱 맞네. 고마워."

「わたし困(こま)ってしまうわ。おっかさんにもらった新(あたら)しい外套(がいとう)が見えないんですもの[*]。」

「早くお探(さが)しなさいよ。どの枝(えだ)に置(お)いたの。」

「忘(わす)れてしまったわ。」

「困ったわね。これから非常(ひじょう)に寒いんでしょう。どうしても見(み)つけないといけなく[4]ってよ。」

「そら、ね。いいパンだろう。干(ほ)しぶどうがちょっと顔(かお)を出してるだろう。早くかばんへ入れたまえ。もうお日様(ひさま)がお出(で)ましになるよ。」

「ありがとう。じゃもらうよ。ありがとう。一緒に行こうね。」

- □ 困る 곤란하다, 난처하다
- □ 外套 외투
- □ ～なさい ～하시오, ～하세요 〈가볍게 명령할 때 쓰는 표현〉
- □ 探す 찾다
- □ 枝 (나뭇)가지
- □ これから 앞으로
- □ 非常に 상당히, 대단히
- □ どうしても 〈뒤에 부정표현이 와〉 도저히, 아무리
- □ 見つける 발견하다, 찾아내다 ↔ 見つかる 발견되다
- □ パン 빵
- □ 干しぶどう 건포도
- □ 顔を出す 얼굴을 내밀다
- □ お日様 해님
- □ お出まし 행차, 납심, 출석
- □ じゃ 그럼, 그렇다면 〈では의 회화체 줄임말〉

"나 어떡하지? 엄마한테 받은 새 외투가 보이질 않아."

"빨리 찾아봐. 어느 가지에 두었어?"

"잊어버렸어."

"난처하네. 앞으로 굉장히 추울 텐데. 반드시 찾아내야만 해."

"자, 봐. 좋은 빵이지? 건포도가 약간 튀어나와 있을 거야. 빨리 가방에 넣도록 해. 이제 해님이 나오실 때야."

"고마워. 그럼 받을게. 고마워. 함께 가자."

4 **~ないといけない ~하지 않으면 안 된다** [동사 ない형+ないといけない]

반드시 해야 한다는 강한 의무를 나타낸다.

運転(うんてん)するときは、シートベルトを締(し)めないといけない。
운전할 때에는 안전벨트를 매지 않으면 안 된다.

*** ~もの ~인 걸, ~란 말이야**

주로 여성과 아이들이 응석이 섞인 투로 자기 주장을 할 때 많이 쓴다. 앞에 だって(그렇지만)나 でも(그러나)와 같은 말과 함께 쓸 때가 많다. 회화에서는 ~もん으로 발음하는 경우가 많다.

私(わたし)は彼(かれ)の笑(わら)い声(ごえ)が好(す)きだもん。
나는 그 남자의 웃음소리가 좋은 걸.

「困ったわ、わたし、どうしてもないわ。本当にわたしどうしましょう。」

「わたしと二人で行きましょうよ。わたしのを時々(ときどき)貸(か)してあげるわ。凍(こご)えたら一緒に死にましょうよ。」

東の空が白く燃(も)え、ゆらりゆらりと揺(ゆ)れ始(はじ)めました。おっかさんの木(き)はまるで死んだようになって、じっと立(た)っています。

突然(とつぜん)、光(ひかり)の束(たば)が黄金(きん)の矢(や)のように一度(いちど)に飛(と)んできました。子供らはまるで飛(と)び上(あ)がるくらい輝(かがや)きました。

北から氷(こおり)のように冷たい透(す)き通(とお)った風が、ゴーッと吹(ふ)いてきました。

□ 時々 때때로, 가끔
□ 貸す 빌려 주다 ↔ 借(か)りる 빌리다
□ 凍える 얼어붙다 〈추위 때문에 몸의 감각이 둔해지거나 없어지는 모양을 나타냄〉
□ ゆらりゆらりと 흔들흔들
□ 揺れ始める 흔들리기 시작하다
□ じっと 가만히, 조용히, 지긋이
□ 突然 갑자기, 돌연
□ 光 빛
□ 束 다발, 묶음
□ 矢 화살
□ 飛び上がる 날아오르다
□ 輝く 빛나다, 반짝이다
□ 氷 얼음
□ 透き通る 투명하다, 소리가 맑다
□ ゴーッと 바람이 세게 불 때 나는 소리, 윙

"어떡하지? 나, 아무리 찾아도 없어. 정말 나 어떡해야 하지?"

"나하고 둘이서 가자. 내 것을 가끔 빌려 줄게. 몸의 감각이 없어지면 함께 죽자."

동쪽 하늘이 하얗게 타올라 한들한들 흔들리기 시작했습니다. 엄마 나무는 마치 죽은 듯이 가만히 서 있습니다.

갑자기 빛 줄기가 황금 화살처럼 한번에 날아왔습니다. 아이들은 마치 날아오를 정도로 빛났습니다.

북쪽에서 얼음 같이 차갑고 투명한 바람이 윙~ 하고 불어왔습니다.

「さよなら、おっかさん。」

「さよなら、おっかさん。」

子供らはみんな一度に、雨(あめ)のように枝から飛(と)び下(お)りました。北風(きたかぜ)が笑(わら)って、

「今年もこれでまず、さよならさよならっていうわけだ[5]。」

と言いながら、冷たいガラスのマントをひらめかして向(む)こうへ行(い)ってしまいました。

お日様は燃える宝石(ほうせき)のように東の空にかかり、あらん限(かぎ)りの輝(かがや)きを、悲(かな)しむ母親(ははおや)の木と旅(たび)に出(で)た子供らとに投(な)げておやりなさいました。

- □ 飛び下りる 뛰어내리다
- □ まず 우선, 먼저
- □ ガラス 유리
- □ マント 망토
- □ ひらめかす 펄럭이다
- □ 宝石 보석
- □ あらん限りの 있는 것 모두, 있는 대로 한껏, 몽땅 〈限りは 주로 명사와 동사 기본형 특히 가능형의 기본형에 붙어 극한의 상태임을 나타냄〉
- □ 輝き 빛, 반짝임
- □ 母親 모친, 어머니 ↔父親(ちちおや) 부친, 아버지
- □ 旅に出る 여행을 떠나다
- □ 投げる 던지다

"안녕, 엄마."

"안녕, 엄마."

아이들은 모두 한꺼번에 비가 내리듯 가지에서 뛰어내렸습니다. 북풍이 웃으며,

"올해도 이걸로 우선, 안녕 안녕이 되는군."

하고 말하며 차가운 유리 망토를 펄럭이며 저편으로 가 버렸습니다.

해님은 불타는 보석처럼 동쪽 하늘에 걸려 온 힘을 다한 눈부신 빛을 슬퍼하는 엄마 나무와 여행을 떠난 아이들에게 던져 주셨습니다.

---

5 ～っていうわけだ ~한 셈이다, ~한 것이다

～というわけだ의 회화체 표현으로, 앞에 나온 상황으로 도출되는 논리적인 결론이나, 앞의 말에 대해 표현을 바꾸어 말할 때, 또 어떤 일이 일어나게 된 원인이나 이유를 설명할 때 쓰는 표현이다.

私がやることはこれで終(お)わったっていうわけだ。
내가 할 일은 이것으로 끝난 셈이다.

雪渡り(ゆきわた)

その一(いち)(子狐(こぎつね)の紺三郎(こんざぶろう))

雪(ゆき)がすっかり凍(こお)って大理石(だいりせき)よりもかたくなり、空(そら)も冷(つめ)たい滑(なめ)らかな青い石(いし)の板(いた)でできているらしいのです。

「かた雪かんこ、しみ雪しんこ*。」

お日様(ひさま)が、真(ま)っ白(しろ)に燃(も)えて百合(ゆり)の匂(にお)いをまき散(ち)らし、また雪をぎらぎら照(て)らしました。

- □雪 눈
- □渡り 건너감(옴), 통과 〈渡る의 명사형〉
- □凍る 얼다
- □大理石 대리석
- □～よりも ~보다도
- □かたい 단단하다, 딱딱하다
- □滑らかだ 매끈매끈하다, 미끄럽다
- □石 돌
- □百合 백합
- □まき散らす 흩뿌리다
- □ぎらぎら 반짝반짝
- □照らす (빛을) 비추다, 비추어 밝히다

눈길 걷기

그 첫 번째 (아기 여우 콘자부로)

눈이 꽁꽁 얼어 대리석보다도 단단해지고, 하늘도 차갑고 매끄러운 푸른 돌판으로 만들어져 있는 것 같습니다.

"얼은 눈 꽁꽁, 차가운 눈 얼얼."

해님이 새하얗게 불타올라 백합 향을 흩뿌리며 다시 눈을 반짝반짝 비췄습니다.

*** かた雪・しみ雪**

かた雪는 '봄이 되어 녹기 시작한 눈이 밤에 다시 언 것'을 말하고, しみ雪는 '쌓인 채 얼어붙은 눈'을 말한다. かんこ와 しんこ는 음율을 맞추기 위해 작가가 만든 말이다.

木なんか、みんなザラメをかけたように霜でぴかぴかしています。

「かた雪かんこ、しみ雪しんこ。」

四郎とかん子とは、小さな雪ぐつをはいてキックキックキック、野原に出ました。

こんなおもしろい日が、またとあるでしょうか。いつもは歩けないきびの畑の中でも、すすきでいっぱいだった野原の上でも、好きな方へどこまででも行けるのです。平らなことは、まるで一枚の板です。そしてそれが、たくさんの小さな小さな鏡のようにキラキラキラキラ光るのです。

「かた雪かんこ、しみ雪しんこ。」

二人は、森の近くまで来ました。大きな柏の木は、枝も埋まるくらい立派な透き通ったつららを下げて、重そうに体を曲げておりました。

나무 등은 모두 설탕을 뿌린 듯 서리로 반짝반짝 빛나고 있습니다.

"얼은 눈 꽁꽁, 차가운 눈 얼얼."

시로와 칸코는 작은 설피를 신고 뽀득뽀득뽀득 들판으로 나갔습니다.

이렇게 즐거운 날이 또 있을까요? 평소에는 걷을 수 없는 수수밭에든, 참억새로 가득했던 들판 위에든 원하는 곳으로 어디까지라도 갈 수 있는 것입니다. 평평한 것이 마치 한 장의 판자입니다. 그리고 그것이 수많은 작디 작은 거울과 같이 반짝반짝 반짝반짝 빛나는 것입니다.

"얼은 눈 꽁꽁, 차가운 눈 얼얼."

두 사람은 숲 근처까지 왔습니다. 커다란 떡갈나무는 가지도 뒤덮일 정도로 멋있고 투명한 고드름을 늘어뜨리고 무거운 듯 몸을 구부리고 있었습니다.

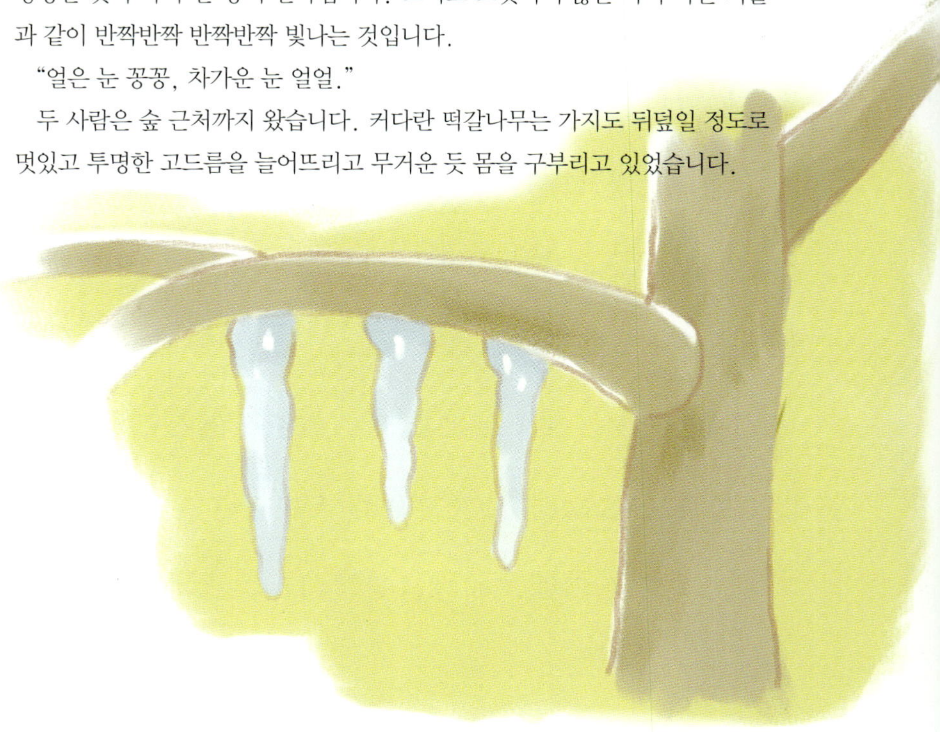

- □ ザラメ 굵은 설탕, 싸라기 설탕
- □ かける 뿌리다
- □ 霜 서리
- □ ぴかぴか 반짝반짝, 번쩍번쩍 〈물건에 광택이 나는 모양〉
- □ 雪ぐつ 설피
- □ 野原 들판
- □ またと 다시는

- □ いつもは 평소에는
- □ きび 수수, 기장
- □ 畑 밭
- □ 平らだ 평평하다, 평탄하다
- □ キラキラ 반짝반짝
- □ 光る 빛나다
- □ 森 숲
- □ 近く 근처, 가까운 곳
- □ 柏の木 떡갈나무
- □ 埋まる 묻히다, 파묻히다
- □ つらら 고드름
- □ 下げる 내리다, 늘어뜨리다
- □ 体を曲げる 몸을 구부리다, 몸을 굽히다

「かた雪かんこ、しみ雪しんこ。狐(きつね)の子(こ)ぁ、嫁(よめ)ぃほしい、ほしい。」

と、二人は森(もり)へ向(む)いて高(たか)くさけびました。

しばらくしいんとしましたので、二人はも一度(いちど)さけぼうとして息(いき)をのみ込(こ)んだ時(とき)、森の中から、

「しみ雪しんしん、かた雪かんかん。」

と言いながら、キシリキシリ雪を踏(ふ)んで、白(しろ)い狐の子が出てきました。

四郎は、少しぎょっとしてかん子を後(うし)ろにかばって、しっかり足(あし)をふんばってさけびました。

「狐こんこん白狐(しろぎつね)、お嫁(よめ)ほしけりゃ、とってやろよ。」

- □ 狐の子 아기 여우
- □ 嫁 색시, 며느리
- □ ほしい 원하다, 바라다, 필요하다
- □ 向く 향하다, (몸이나 얼굴 등을) 돌리다
- □ しいんとする 잠잠하다, 괴괴하다 〈소리 하나 없이 몹시 조용한 모양〉
- □ も一度 다시 한번, 한번, 더
- □ 息をのみ込む 숨을 들이마시다
- □ キシリキシリ 삐그덕삐그덕
- □ 踏む 밟다
- □ かばう 감싸다, 보호하다
- □ しっかり 똑똑히, 정신 차려서 〈마음이 긴장되어 있는 모양〉
- □ ふんばる (다리를 벌리고) 힘껏 버티다
- □ こんこん 캥캥 〈여우의 울음소리〉
- □ 白狐 흰 여우
- □ ～けりゃ ～한다면 〈～ければ의 회화체 줄임말〉
- □ とる (배우자를) 맞다, 얻다

"얼은 눈 꽁꽁, 차가운 눈 얼얼. 아기 여우야, 색시 필요하니? 필요하니?"
라고 두 사람은 숲을 향해 크게 소리쳤습니다.

한참 동안 아무 소리도 없었기 때문에 두 사람이 다시 한번 외치려고 숨을 들이마셨을 때 숲 속에서,

"차가운 눈 얼얼, 얼은 눈 꽁꽁."
이라고 말하며 뽀드득뽀드득 눈을 밟으며 하얀 아기 여우가 나왔습니다.

시로는 약간 흠칫 놀라 칸코를 등 뒤로 감싸고 다리에 힘껏 힘을 주며 외쳤습니다.

"여우 캥캥 하얀 여우, 색시 달라면 데려다 줄게."

すると狐が、まだまるで小さいくせに、銀の針のようなおひげをピンと一つひねって言いました。

「四郎はしんこ、かん子はかんこ、おらはお嫁は要らないよ。」

四郎が笑って言いました。

「狐こんこん、狐の子、お嫁が要らなきゃ[1]餅やろか。」

すると狐の子も、頭を二つ三つ振って、おもしろそうに言いました。

「四郎はしんこ、かん子はかんこ、きびの団子をおれやろか。」

□ すると　그러자
□ ～くせに　~인 주제에, ~한 주제에
□ 銀　은
□ 針　바늘, 침
□ (お)ひげ　수염
□ ピンと　팽팽한 모양, 팽팽히, 꼿꼿이
□ ひねる　비틀다, 꼬다
□ おら　나 〈남성들이 쓰는 거친 말임〉
□ 餅　떡
□ やろか　줄까? 〈やろうか의 회화체 줄임말〉
□ 二つ三つ　두세 번 〈개수가 아니라 횟수를 나타냄〉
□ 振る　흔들다
□ きびの団子　수수경단
□ おれ　나 〈남성어로 ぼく보다 거친 느낌임〉

그러자 여우가 아직 매우 어린 주제에, 은침과 같은 수염을 꼿꼿하게 한 가닥 꼬면서 말했습니다.

"시로는 얼얼, 칸코는 꽁꽁, 난 색시는 필요 없어."

시로가 웃으며 말했습니다.

"여우 캥캥, 아기 여우, 색시가 필요 없으면 떡 줄까?"

그러자 아기 여우도 머리를 두세 번 흔들고는 재미있다는 듯이 말했습니다.

"시로는 얼얼, 칸코는 꽁꽁, 수수경단을 내가 줄까?"

---

1 ～なきゃ ～(하)지 않으면 [동사 ない형+なきゃ]

～なければ의 회화체 표현으로, 뒤에 부정표현이 함께 쓰인다.

書類(しょるい)を提出(ていしゅつ)しなきゃ、申(もう)し込(こ)めません。

서류를 제출하지 않으면 신청할 수 없습니다.

かん子も、あんまりおもしろいので、四郎の後ろに隠(かく)れたまま[2]、そっと歌いました。

「狐こんこん狐の子、狐の団子はうさのくそ。」

すると子狐紺三郎(こぎつねこんざぶろう)が、笑って言いました。

「いいえ、決(けっ)してそんなことはありません。あなた方(がた)のような立派なお方が、うさぎの茶色(ちゃいろ)の団子なんかめしあがるもんですか[3]。私(わたし)らは、ぜんたい、今(いま)まで人(ひと)をだますなんて、あんまり無実(むじつ)の罪(つみ)を着(き)せられていたのです。」

四郎がおどろいてたずねました。

「そいじゃ、狐が人をだますなんてうそかしら。」

- □隠れる 숨다
- □そっと 살그머니, 살짝, 몰래, 조용히, 가만히
- □うさ 토끼 = うさぎ
- □くそ 똥, 대변
- □決して 결코
- □あなた方 당신들
- □茶色 갈색
- □めしあがる 드시다, 잡수다
- □だます 속이다
- □~なんて ~라는 둥, ~라느니 하는
- □無実 무고함, 억울함, 무실; 내용이 없음
- □罪 죄 ↔ 罰(ばつ) 벌
- □着せる 전가하다, 뒤집어씌우다
- □おどろく(驚く) 놀라다, 경악하다
- □たずねる 묻다
- □そいじゃ 그럼, 그렇다면 = それじゃ
- □うそ 거짓말
- □~かしら ~일까?, ~인가?

간코도 너무나 재미있어서 시로 뒤에 숨은 채 조용히 노래를 불렀습니다.
"여우 캥캥 아기 여우, 여우의 경단은 토끼 똥."
그러자 아기 여우 콘자부로가 웃으며 말했습니다.
"아니요, 절대 그렇지 않습니다. 당신들처럼 훌륭한 분이 토끼의 갈색 경단 따위를 드시겠습니까? 우리들은 애당초, 지금까지 사람을 속인다느니 하는 너무나 억울한 죄를 뒤집어쓰고 있었습니다."
시로가 놀라서 물었습니다.
"그럼, 여우가 사람을 속인다는 것은 거짓말인가?"

---

2 ～たまま ～한 채 [동사 た형+まま]

어떤 상황이나 동작이 계속 유지된 채로 다른 동작이 행해지고 있음을 나타낸다.

玄関(げんかん)のドアを開(あ)けておいたまま、出(で)かけてしまいました。
현관문을 열어둔 채 외출하고 말았습니다.

3 ～もんか ～할까보냐

～ものか의 회화체로, 반문하는 말투로 강한 부정을 나타낸다. 정중한 형태인 ～ものですか는 대등하거나 손아랫사람에게 쓰면 조금 깔보는 느낌을 주는 표현이 되기도 한다.

台風(たいふう)に負(ま)けるもんか。 태풍에 질까보냐.

紺三郎が熱心(ねっしん)に言いました。

「うそですとも。けだし最(もっと)もひどいうそです。だまされたという人は、たいていお酒(さけ)に酔(よ)ったり、臆病(おくびょう)でくるくるしたりした人です。おもしろいですよ。甚兵衛(じんべえ)さんがこの前(まえ)、月夜(つきよ)の晩(ばん)、私たちのお家(うち)の前(まえ)に座(すわ)って、一晩(ひとばん)浄瑠璃(じょうるり)*をやりましたよ。私らは、みんな出て見(み)たのです。」

四郎がさけびました。

□熱心に 열심히
□けだし 틀림없이, 확실히, 아마
□最も 가장, 제일
□ひどい 심하다
□だます 속이다
□たいてい 대개
□(お)酒に酔う 술에 취하다
□臆病 겁이 많음, 겁쟁이
□くるくる 뱅글뱅글
□この前 요전
□月夜 달밤
□一晩 하룻밤

콘자부로가 열심히 말했습니다.

"거짓말이고말고요. 정말이지 가장 심한 거짓말입니다. 속았다는 사람은 대개 술에 취했거나 겁쟁이라서 뱅글뱅글 돌거나 한 사람입니다. 재미있어요. 진베에 씨가 요전 날 달밤에 우리들의 집 앞에 앉아서 밤새 죠루리를 했어요. 우리들은 모두 나와서 구경했었죠."

시로가 외쳤습니다.

*** 浄瑠璃**

일본의 전통 악기인 三味線(しゃみせん; 세 줄로 된 일본 고유의 현악기)의 반주에 맞추어 특수한 억양과 가락을 붙여서 만들어 나가는 이야기의 일종이다.

「甚兵衛さんなら[4]浄瑠璃じゃないや。きっと浪花節[*]だぜ。」

子狐紺三郎は、なるほどという顔をして、

「ええ、そうかもしれません。とにかくお団子をおあがりなさい。私のさしあげるのは、ちゃんと私が、畑を作って、まいて、草を取って、刈って、たたいて、粉にして、練って、蒸して、お砂糖をかけたのです。いかがですか。一皿さしあげましょう。」

と言いました。

- □ ～や　~말야 〈말하는 이의 감정을 나타냄〉
- □ なるほど　과연, 정말
- □ ～顔をする　~얼굴을 하다, ~표정을 하다
- □ ～かもしれない　~일지도 모른다, ~할지도 모른다
- □ あがる　(음식을) 드시다, 마시다 〈食べる · 飲む의 존경어〉
- □ さしあげる　드리다, 바치다
- □ ちゃんと　제대로
- □ 畑を作る　밭을 만들다
- □ まく(蒔く)　뿌리다
- □ 草を取る　풀을 뽑다
- □ 刈る　깎다, 베다
- □ たたく　두드리다, 치다, 때리다
- □ 粉にする　가루로 만들다
- □ 練る　반죽하다, 이기다
- □ 蒸す　찌다, 삶다
- □ (お)砂糖をかける　설탕을 뿌리다
- □ いかがですか　어떠십니까? 〈どうですか의 존경표현〉
- □ 一皿　한 접시

“진베에 씨라면 죠루리가 아니야. 틀림없이 나니와부시야.”

아기 여우 콘자부로는 과연 그렇군 하는 표정을 하고,

“네, 그럴지도 모릅니다. 어쨌든 경단을 드세요. 제가 드리는 것은, 제가 제대로 밭을 만들고, 씨를 뿌리고, 풀을 뽑고, 베고, 두드리고, 가루를 내고, 반죽하고, 찌고, 설탕을 뿌린 것입니다. 어떠세요? 한 접시 드리죠.”

라고 말했습니다.

---

4 ～なら ～(이)라면 [명사+なら]

상대방이 말한 것이나 지금까지의 대화에 나왔던 것, 또는 현 상황에서 예측 가능한 것을 화제로 삼아 그것에 관해 이야기를 진행해 나갈 때 쓴다.

例(れい)のことなら田中(たなか)さんにお任(まか)せください。
그 일이라면 타나카 씨에게 맡겨 주세요.

★ 浪花節

에도 시대 말기에 시작된 예능의 일종으로, 三味線(しゃみせん)의 반주에 맞추어 부른다. 주로 서민적인 의리나 인정을 노래한 작품이 많다. 전후 쇠락하며 현재에까지 이르고 있다.

と、四郎が笑って、

「紺三郎さん、僕(ぼく)らはちょうど今(いま)ね、お餅(もち)を食(た)べてきたんだから、おなかが減(へ)らないんだよ。この次(つぎ)にお呼(よ)ばれしよう[5]か。」

子狐の紺三郎が、うれしがって、短(みじか)い腕(うで)をばたばたして言いました。

「そうですか。そんなら今度(こんど)幻灯(げんとう)*会(かい)の時(とき)さしあげましょう。幻灯会にはきっといらっしゃい。この次の雪の凍(こお)った月夜の晩です。八時(はちじ)から始(はじ)めますから、入場(にゅうじょう)券(けん)をあげておきましょう。何枚(なんまい)あげましょうか。」

□ おなかが減る 배가 고프다
□ この次に 이 다음에
□ 呼ばれる 초대 받다, 대접 받다, 초청되다
□ うれしがる 기뻐하다
□ ばたばた 손발이나 날개 등을 계속해서 쉬지 않고 움직이는 모양이나 소리, 펄럭펄럭, 푸드득푸드득, 동동
□ 今度 이번
□ 幻灯会 환등회
□ 始める 시작하다 〈始まる 시작되다〉
□ 入場券 입장권

그러자 시로가 웃으며,
"콘자부로 씨, 우리들은 지금 마침 떡을 먹고 왔기 때문에 배가 고프지 않아요. 다음에 불러 줘요."
아기 여우 콘자부로가 기뻐하며, 짧은 팔을 흔들며 말했습니다.
"그래요? 그렇다면 이번 환등회 때 드리죠. 환등회에는 꼭 오세요. 이 다음 눈이 꽁꽁 언 달밤입니다. 8시부터 시작하니까 입장권을 미리 드리죠. 몇 장 드릴까요?"

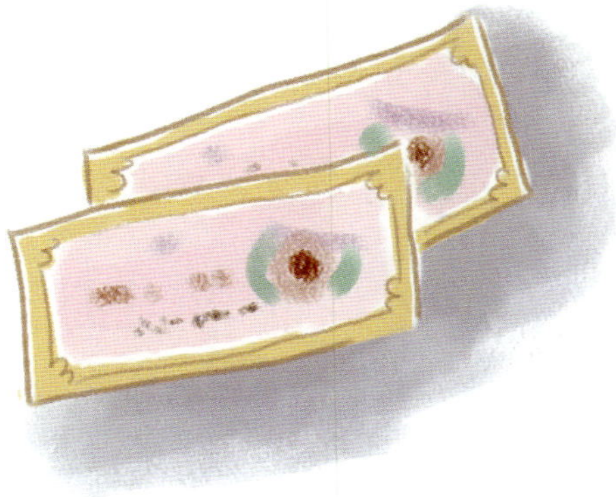

---

5 お～する ~하다, ~해 드리다 [お+동사 ます형+する]

말하는 이가 자신을 낮추어 말하는 겸양표현으로, 앞에 한자어로 된 명사가 오는 경우에는 ご～する의 형태를 쓴다.

お待(ま)ちします。 기다리겠습니다.
ご用意(ようい)しましょうか。 준비할까요?(준비해 드릴까요?

＊ 幻灯

필름에 빛을 비추어 보여 주던 슬라이드 형식의 것으로, 일본의 明治(めいじ) 시대 중기 이후부터 어린이들을 위한 교육과 오락을 목적으로 자주 사용되었다.

「そんなら五枚(ごまい)おくれ。」

と、四郎が言いました。

「五枚ですか。あなた方(がた)が二(に)枚に、あとの三(さん)枚はどなたですか。」

と、紺三郎が言いました。

「兄(にい)さんたちだ。」

と、四郎が答(こた)えますと、

「兄さんたちは十一歳以下(じゅういっさいいか)ですか。」

と、紺三郎がまたたずねました。

「いや小兄(ちいにい)さんは四年生(よねんせい)だからね、八(やっ)つの四(よっ)つで十二(じゅうに)歳。」

と、四郎が言いました。

- ☐ おくれ(送れ) 줘 〈おい는 부드러운 명령표현을 만듬〉
- ☐ あと 나머지
- ☐ 兄さん 형(님)
- ☐ 答える 대답하다
- ☐ 以下 이하
- ☐ いや 아니 〈가볍게 부정할 때 하는 대답〉
- ☐ 小兄さん 작은형(님)
- ☐ ~年生 ~학년 〈~年生(ねんう)まれ ~년생〉

“그럼 다섯 장 줘.”
라고 시로가 말했습니다.
“다섯 장이요? 당신들이 두 장에, 나머지 세 장은 어느 분인가요?”
라고 콘자부로가 말했습니다.
“형들이야.”
라고 시로가 대답하자,
“형님들은 11살 이하입니까?”
라고 콘자부로가 다시 물었습니다.
“아니, 작은형은 4학년이니까, 여덟에 넷이니까 12살.”
이라고 시로가 말했습니다.

すると紺三郎は、もっともらしくまたおひげを一つひねって言いました。

「それでは残念(ざんねん)ですが、兄(にい)さんたちはお断(ことわ)りです。あなた方だけいらっしゃい。特別席(とくべつせき)をとっておきますから。おもしろいんですよ。幻灯(げんとう)は、第一(だいいち)が『お酒(さけ)を飲(の)むべからず*』。これは、あなたの村(むら)の太右衛門(たえもん)さんと清作(せいさく)さんがお酒を飲んで、とうとう目(め)がくらんで、野原(のはら)にあるへんてこなおまんじゅうやおそばを食べようとしたところです。私も写真(しゃしん)の中に写(うつ)っています。第二(だいに)が『わなに注意(ちゅうい)せよ』。これは、私どものこん兵衛(べえ)が野原でわなにかかったのを描(か)いたのです。絵(え)です。

□ もっともらしい 그럴싸하다, 그럴듯하다
□ それでは 그럼, 그렇다면
□ 残念だ 유감이다, 안타깝다, 아쉽다
□ 断る 거절하다, 사절하다, 양해를 구하다
□ 特別席 특별석
□ とっておく 마련해 두다, 준비해 두다
□ ～から ~테야, ~거니까
□ 村 촌, 마을
□ とうとう 드디어, 결국, 마침내
□ 目がくらむ 강한 빛으로 눈이 보이지 않다, 현기증이 나다, 이성을 잃다
□ へんてこだ 이상하다, 괴이하다, 기묘하다
□ (お)まんじゅう 만두
□ おそば 메밀국수
□ ところ (어떤 동작이나 변화가 일어나고 있는) 상황, 장면
□ 写る (사진에) 찍히다, 박히다
□ わな(罠) 덫, 올가미, 함정 〈わなにかかる 덫에 걸리다〉
□ 描く 그리다
□ 絵 그림

그러자, 콘자부로는 그럴듯하게 또 수염을 한 가닥 꼬면서 말했습니다.

"그럼 유감이지만, 형님들은 사양하겠습니다. 당신들만 오세요. 특별석을 준비해 둘 테니까요. 재미있을 겁니다. 환등은 첫 번째가 '술을 마시지 말 것'. 이것은 당신 마을의 타에몬 씨와 세이사쿠 씨가 술을 마시고 결국 이성을 잃고 들판에 있는 이상한 만두랑 메밀국수를 먹으려 한 상황입니다. 나도 사진에 찍혀 있습니다. 두 번째가 '덫에 주의해라'. 이것은 우리들의 콘베에가 들판에서 덫에 걸린 것을 그린 것입니다. 그림이죠.

*** ~べからず ~하지 말 것, ~하지 말아라**

어떤 일이나 행동을 금지할 때 쓰며, 동사의 기본형 뒤에 연결된다.

花(はな)を取(と)るべからず。 꽃을 따지 말 것.
芝生(しばふ)に入(はい)るべからず。 잔디밭에 들어가지 말 것.

写真ではありません。第三が『火をけいべつすべからず』。これは、私どものこん助があなたのお家へ行って、しっぽを焼いた景色です。ぜひおいでください。」

二人は喜んでうなずきました。

狐は、おかしそうに口を曲げて*、キックキックトントンキックキックトントンと足踏みを始めて、しっぽと頭を振ってしばらく考えていましたが、やっと思いついたらしく、両手を振って調子をとりながら歌い始めました。

- □けいべつする(軽蔑する) 경멸하다
- □しっぽ (동물의) 꼬리
- □焼く 굽다
- □景色 경치, 광경
- □ぜひ 꼭, 반드시
- □喜んで 기꺼이, 흔쾌히
- □うなずく 수긍하다, 고개를 끄덕이다
- □おかしい 재미있다, 우스꽝스럽다
- □口を曲げる 입을 모으다〈曲げる 구부리다, 굽히다〉
- □トントン 가볍게 두드리거나 치는 소리, 똑똑, 톡톡, 통통, 쿵쿵
- □足踏み 제자리걸음
- □振る 흔들다
- □やっと 겨우, 간신히
- □思いつく 생각이 나다
- □両手 양손
- □調子 가락, 곡조, 음조, 장단〈調子をとる 장단을 맞추다〉

사진이 아닙니다. 세 번째가 '불을 얕보지 말 것'. 이것은 우리들의 콘스케가 당신 집에 가서 꼬리를 태운 광경입니다. 꼭 와 주세요."

두 사람은 흔쾌히 고개를 끄덕였습니다.

여우는 우스꽝스럽게 입을 모으며 뽀득뽀득 콩콩 뽀득뽀득 콩콩 제자리걸음을 시작하고, 꼬리와 머리를 흔들며 잠시 생각하더니 겨우 생각이 난 것처럼 양손을 흔들며 장단을 맞추면서 노래를 부르기 시작했습니다.

*** 口～**

口(くち)がうるさい 불평이나 잔소리를 잘하다
口(くち)が重(おも)い 말수가 적다
口(くち)がかたい 입이 무겁다
口(くち)が軽(かる)い 입이 가볍다
口(くち)がうまい 남의 비위를 잘 맞춰 말하다, 입발린 말을 잘하다
口(くち)を利(き)く 말을 꺼내다, 소개하다
口(くち)を合(あ)わせる 말을 맞추다, 모두 똑같이 말하다
口(くち)を滑(すべ)らす 입을 잘못 놀리다, 말을 잘못하다
口(くち)と腹(はら)が違(ちが)う 말과 행동이 다르다, 겉과 속이 다르다

「しみ雪しんこ、かた雪かんこ、

野原のまんじゅうはポッポッポ。

酔(よ)ってひょろひょろ太右衛門(たえもん)が、

去年(きょねん)、三十八(さんじゅうはち)、食べた。

しみ雪しんこ、かた雪かんこ、

野原のおそばはホッホッホ。

酔ってひょろひょろ清作(せいさく)が、

去年十三杯(じゅうさんばい)食べた。」

四郎(しろう)もかん子(こ)も、すっかり釣(つ)り込(こ)まれて、もう狐と一緒(いっしょ)に踊(おど)っています。

キック、キック、トントン。

キック、キック、トントン。

キック、キック、キック、キック、トントントン。

□**ポッポッポ** 따끈따끈따끈 〈ポカポカ(따끈따끈)에서 만든 말로 보여짐〉

□**ひょろひょろ** 쓰러질 듯이 몸을 휘청거리는 모양, 비틀비틀, 휘청휘청

□**ホッホッホ** 뜨끈뜨끈뜨끈 〈ホカホカ(뜨끈뜨끈)에서 만든 말로 보여짐〉

□**釣り込む** 끌어들이다, 꾀어들이다

□**踊る** 춤추다

"차가운 눈 얼얼, 얼은 눈 꽁꽁,
　　들판의 만두는 뜨끈뜨끈뜨끈.
술에 취해 비틀비틀 타에몬이,
　　작년에 38개 먹었네.
차가운 눈 얼얼, 얼은 눈 꽁꽁,
　　들판의 메밀국수는 따끈따끈따끈.
술에 취해 비틀비틀 세이사쿠가,
　　작년에 13그릇 먹었네."

시로도 칸코도 완전히 노래에 끌려 들어 벌써 여우와 함께 춤추고 있습니다.

뽀득, 뽀득, 콩콩.

뽀득, 뽀득, 콩콩.

뽀득, 뽀득, 뽀득, 뽀득, 콩콩콩.

四郎が歌いました。

「狐こんこん狐の子、去年狐のこん兵衛(べえ)が、左(ひだり)の足(あし)*をわなに入(い)れ、こんこんばたばたこんこんこん。」

かん子が歌いました。

「狐こんこん狐の子、去年狐のこん助(すけ)が、焼(や)いた魚(さかな)を取(と)ろとしてお尻(しり)に火がつききゃんきゃんきゃん。」

キック、キック、トントン。

キック、キック、トントン。

キック、キック、キック、キック、トントントントン。

□魚 물고기, 생선
□取る 빼앗다, 훔치다
□お尻 엉덩이
□火がつく 불이 붙다 ↔ 火をつける 불을 붙이다
□きゃんきゃん 깽깽

시로가 노래했습니다.
"여우 캥캥 아기 여우, 작년에 여우 콘베에가 왼쪽 다리가 덫에 걸려, 캥캥 바둥바둥 캥캥캥."
칸코가 노래를 불렀습니다.
"여우 캥캥 아기 여우, 작년에 여우 콘스케가 구운 생선을 훔치려다 엉덩이에 불이 붙어 깽깽깽."
뽀득, 뽀득, 통통.
뽀득, 뽀득, 통통.
뽀득, 뽀득, 뽀득, 뽀득, 통통통.

そして三人(さんにん)は、踊(おど)りながらだんだん林(はやし)の中(なか)に入(はい)っていきました。赤(あか)いふうろう細工(ざいく)のほおの木(き)の芽(め)が、風(かぜ)に吹(ふ)かれてピッカリピッカリと光(ひか)り、林の中の雪にはあい色(いろ)の木の影(かげ)が一面(いちめん)網(あみ)になって落(お)ちて、日光(にっこう)の当(あ)たるところには銀(ぎん)の百合(ゆり)が咲(さ)いたように見えました*。

すると、子狐紺三郎が言いました。

「鹿(しか)の子(こ)も呼びましょうか。鹿の子は、そりゃ笛(ふえ)がうまいんですよ。」

四郎とかん子とは、手(て)をたたいて喜びました。そこで三人(さんにん)は、一緒(いっしょ)にさけびました。

「かた雪かんこ、しみ雪しんこ、鹿の子ぁ、嫁ぃほしい、ほしい。」

□ だんだん 점점, 차차
□ ふうろう 봉랍 〈병 등을 봉할 때 많이 쓰는 수지질의 혼합물〉
□ 細工 세공(품) 〈단독으로 쓰일 때에는 さいく로 발음함〉
□ ほおの木 일본 목련

□ 芽 싹
□ ピッカリと 반짝 〈光(ひか)る의 음을 빌어 강조한 형태〉
□ あい色 남색
□ 木の影 나무 그늘
□ 一面 일면
□ 日光 일광, 햇빛, 햇살
□ 当たる 닿다, 받다, 쬐다
□ 百合 백합
□ 咲く (꽃이) 피다
□ 鹿 사슴
□ そりゃ 정말, 참으로, 매우 〈それは의 회화체 줄임말〉
□ 笛 피리
□ うまい 잘하다, 능숙하다 = 上手(じょうず)だ
□ 手をたたく 손뼉을 치다

그리고 세 사람은 춤추면서 점점 숲 속으로 들어갔습니다. 빨간 봉랍 세공을 한 일본목련의 싹이 바람에 날려 반짝반짝 빛나고, 숲 속 눈에는 남색의 나무 그림자가 온통 그물이 되어 떨어져 햇빛이 비치는 곳에는 은색 백합이 핀 것처럼 보였습니다.

그러자, 아기 여우 콘자부로가 말했습니다.

"아기 사슴도 부를까요? 아기 사슴은 정말 피리를 잘 불어요."

시로와 칸코는 손뼉을 치며 기뻐했습니다. 그래서 세 사람은 함께 외쳤습니다.

"얼은 눈 꽁꽁, 차가운 눈 얼얼, 아기 사슴아, 색시 필요하니? 필요하니?"

★ 見える와 見せる

見える는 의지와는 상관 없이 보지 않으려고 해도 보이는 경우에 쓰고, 見せる는 일부러 상대방에게 뭔가를 보여 주려고 하는 경우에 쓴다.

屋上(おくじょう)からは町(まち)がよく見(み)えます。
옥상에서는 동네가 잘 보입니다.

先生(せんせい)からの手紙(てがみ)を見(み)せました。
선생님께 받은 편지를 보여 주었습니다.

すると向(む)こうで、

「北風(きたかぜ)ぴいぴい風三郎(かぜさぶろう)、西風(にしかぜ)どうどう又三郎(またさぶろう)。」

と、細(ほそ)い、いい声(こえ)がしました。

狐の子の紺三郎が、いかにもばかにしたように、口を尖(とが)らして言いました。

「あれは鹿の子です。あいつは臆病(おくびょう)ですから、とてもこっちへ来(き)そうにありません[6]。けれど、もういっぺんさけんでみましょうか。」

そこで三人は、またさけびました。

- □ぴいぴい 휘잉휘잉 〈바람이 부는 소리〉
- □西風 서풍
- □どうどう 위잉위잉 〈바람이 부는 소리〉
- □細い 가늘다
- □声がする 소리가 나다, 소리가 들리다
- □いかにも 매우, 정말로, 자못
- □ばかにする 깔보다, 업신여기다
- □口を尖らす 입을 삐쭉 내밀다, 뾰로통하다
- □あいつ 저 녀석
- □もういっぺん 한번 더

그러자 건너편에서,

“북풍 휘잉휘잉 가제사부로, 서풍 위잉위잉 마타사부로.”

라고 하는 가늘고 멋진 목소리가 들렸습니다.

아기 여우 콘자부로가 몹시 깔보는 듯이 입을 삐쭉 내밀며 말했습니다.

“저건 아기 사슴입니다. 저 녀석은 겁쟁이라서 절대 이쪽으로 올 것 같지 않습니다. 그래도, 한번 더 외쳐 볼까요?”

그래서 세 사람은 다시 외쳤습니다.

---

6 ～そうにない ～할 것 같지 않다 [동사 ます형+そうにない]

～そうだ(～할 것 같다)의 활용 형태로, 말하는 이의 주관적인 생각에 의해 그럴 것 같지 않다는 추측을 나타내는 표현이다.

今度(こんど)の試合(しあい)には勝(か)ちそうにないです。
이번 시합에는 이길 것 같지 않습니다.

「かた雪かんこ、しみ雪しんこ、鹿の子ぁ、嫁ぃほしい、ほしい。」

すると今度は、ずうっと遠くで、風の音か笛の声か、または鹿の子の歌か[7]、こんなように聞えました。

「北風ぴいぴい、かんこかんこ

　西風どうどう、どっこどっこ。」

狐はまた、ひげをひねって言いました。

「雪が柔らかになるといけませんから、もうお帰りなさい。今度月夜に雪が凍ったら、きっとおいでください。さっきの幻灯をやりますから。」

そこで四郎とかん子とは、

「かた雪かんこ、しみ雪しんこ。」

と歌いながら、銀の雪を渡ってお家へ帰りました。

「かた雪かんこ、しみ雪しんこ。」

- ずうっと　훨씬, 아주, 매우〈ずっと의 힘줌말〉
- 遠く　먼 곳, 멀리
- どっこどっこ　윙윙〈どうどう를 변형시킨 말로 보여짐〉
- 柔らかだ　부드럽다
- さっき　아까, 조금 전

"얼은 눈 꽁꽁, 차가운 눈 얼얼, 아기 사슴아, 색시 필요하니, 필요하니?"

그러자 이번에는 훨씬 먼 곳에서 바람 소리인지 피리 소리인지, 아니면 아기 사슴의 노래인지, 이렇게 들렸습니다.

"북풍 휘잉휘잉, 짱짱

서풍 위잉위잉, 윙윙."

여우는 또다시 수염을 꼬면서 말했습니다.

"눈이 녹으면 안 되니까, 이제 돌아가세요. 다음 번 달밤에 눈이 얼면 꼭 와 주세요. 아까 말한 환등을 하니까요."

그래서 시로와 칸코는,

"얼은 눈 꽁꽁, 차가운 눈 얼얼."

이라고 노래를 부르면서 은색 눈을 건너서 집으로 돌아갔습니다.

"얼은 눈 꽁꽁, 차가운 눈 얼얼."

---

7 ～か～か ~인지 ~인지, ~인가 ~인가

이 표현은 확실하지 않은 것에 대해 말하는 이가 자신의 생각대로 이것저것 떠올릴 때 쓰는 표현이다. 여기서는 앞에 명사가 왔지만, 이외에도 동사, い형용사, な형용사 등도 보통형의 형태로 올 수 있다.

あの本(ほん)は小説(しょうせつ)か漫画(まんが)か、よくわかりません。
저 책은 소설인지 만화책인지, 잘 모르겠습니다.

その二（狐小学校の幻灯会）(きつねしょうがっこう げんとうかい)

青白い(あおじろ)大きな(おお)十五夜(じゅうごや)のお月様(つきさま)が、静か(しず)に氷(ひ)の上山(かみやま)から上り(のぼ)ました。

雪はチカチカ青く光り(ひか)、そして今日(きょう)も寒水石(かんすいせき)のようにかたく凍り(こお)ました。

四郎は、狐の紺三郎(こんざぶろう)との約束(やくそく)を思い(おも)出し(だ)て*、妹(いもうと)のかん子(こ)にそっと言いました。

「今夜(こんや)狐(きつね)の幻灯会なんだね。行(い)こうか。」

するとかん子は、

「行きましょう。行きましょう。狐こんこん狐の子、こんこん狐の紺三郎。」

とはね上(あ)がって、高くさけんでしまいました。

- □ 青白い　푸르스름하다
- □ 十五夜　십오야, 특히 음력 보름날 밤
- □ お月様　달님
- □ 上る　오르다, (해・달이) 뜨다 ↔下(くだ)る 내려가다
- □ チカチカ　별이나 보석 등이 빛을 발하는 모양, 반짝반짝
- □ 寒水石　한수석; 대리석의 일종으로 흰색 또는 검푸른색을 띤다
- □ 約束　약속
- □ 思い出す　생각해 내다
- □ はね上がる　튀다, 뛰어오르다

그 두 번째 (여우 초등학교의 환등회)

푸르스름하고 커다란 음력 보름날 밤의 달님이 조용히 얼음 산 위로 떠올랐습니다.

눈은 반짝반짝 푸르게 빛나며, 그리고 오늘도 한수석처럼 단단하게 얼었습니다.

시로는 여우 콘자부로와의 약속을 떠올리고는, 여동생 칸코에게 조용히 말했습니다.

"오늘밤 여우의 환등회구나. 갈까?"

그러자 칸코는,

"가자. 가자. 여우 캥캥 아기 여우, 캥캥 여우 콘자부로."
라고 뛰어오르며 크게 소리쳐 버렸습니다.

★ 思い～

思(おも)い切(き)る 단념하다, 결심하다
思(おも)い込(こ)む 확신하다, 굳게 믿다
思(おも)いつく 생각해 내다, 기억해 내다
思(おも)いやる 염려하다, 헤아리다
思(おも)い浮(う)かべる 마음 속에 그리다, 회상하다

すると、二番目の兄さんの二郎が、

「お前たちは狐のとこへ遊びにいくのかい*。僕も行きたいな。」

と言いました。

四郎は、困ってしまって、肩をすくめて言いました。

「大兄さん。だって、狐の幻灯会は十一歳までですよ、入場券に書いてあるんだもの。」

□～番目 ～번째〈순서를 나타내는 조수사〉

□お前 너〈주로 남자들이 쓰는 거친 뉘앙스의 호칭〉

□肩 어깨

□すくめる 움츠리다

□大兄さん 큰형님

그러자 둘째 형인 지로가,

“너희들 여우가 있는 곳에 놀러 가는 거야? 나도 가고 싶은데.”

라고 말했습니다.

시로는 난처해져서 어깨를 움츠리며 말했습니다.

“큰형. 그렇지만, 여우의 환등회는 11살까지만이야, 입장권에 써 있는걸.”

＊ ~かい ~냐? ~니?

표현을 보다 부드럽게 하여 친밀감을 갖고 물을 때 쓰는 말로, 젊은 남성보다는 나이 든 남성이 자주 쓰는 경향이 있다.

二郎が言いました。

「どれ、ちょっとお見せ。ははあ、学校生徒の父兄にあらずして十二歳以上の来ひんは入場をお断り申しそうろう。狐なんて、なかなかうまくやってるね。僕は行けないんだね。しかたないや。お前たち行くんなら、お餅を持っていっておやりよ。そら、この鏡餅*がいいだろう。」

四郎とかん子は、そこで小さな雪ぐつをはいて、お餅をかついで外に出ました。

□ どれ　어디 〈남에게 보여 달라고 재촉하는 느낌을 나타낼 때 씀〉
□ お見せ　보여 줘 〈お見せなさい의 줄임말로, 친한 사이나 손아랫사람에게 씀〉
□ 父兄　학부형 〈여기서는 보호자의 뜻으로 쓰였음〉
□ あらず　아니다, 그렇지 않다 〈문어체임〉
□ 来ひん　내빈
□ 入場　입장
□ ～そうろう　～옵니다, ～사옵니다 〈동사 ます형에 붙어 말투를 공손하고 조심스럽게 만듦〉
□ うまくやる　잘하다, 잘 해내다
□ しかたない　하는 수 없다, 어쩔 수 없다
□ そら　자, 저런 〈주의를 환기시킬 때 씀〉
□ かつぐ(担ぐ)　메다, 짊어지다

지로가 말했습니다.

"어디, 잠깐 보여 줘. 아아, 학교 학생의 보호자가 아닌 12살 이상의 내빈은 입장을 거절함을 말씀 드리옵니다. 여우 녀석들, 꽤 잘하고 있는 걸. 난 갈 수 없겠네. 어쩔 수 없지. 너희들 가려면 떡을 갖고 가서 줘. 자, 이 찰떡이 좋을 거야."

시로와 칸코는 그래서 작은 설피를 신고 떡을 메고 밖으로 나왔습니다.

*** 鏡餅**

설날에 신불에게 올리는 동글납작한 찰떡을 말한다. 보통 크기가 큰 것과 작은 것을 한 개씩 포개서 쌓아올려 놓는다. 경사스러운 날 축하선물로 건네기도 한다.

兄弟*の一郎・二郎・三郎*は、戸口に並んで立って、

「行っておいで。大人の狐に会ったら、急いで目をつぶるんだよ。そら、僕らはやしてやろうか。かた雪かんこ、しみ雪しんこ、狐の子ぁ、嫁ぃほしい、ほしい。」

とさけびました。

お月様は空に高く上り、森は青白いけむりに包まれています。二人は、もうその森の入り口に来ました。

すると、胸にどんぐりの記章をつけた白い小さな狐の子が立っていて、言いました。

「こんばんは。おはようございます。入場券はお持ちですか[8]。」

「持っています。」

二人はそれを出しました。

□ 兄弟 형제 ↔ 姉妹(しまい) 자매
□ 戸口 문 입구, 문 앞
□ 並ぶ 줄지어 서다, 늘어서다
□ おいで 와, 오너라 〈おいでなさい의 준임말로, 손아랫사람에게 다정하게 명령할 때 씀〉
□ 大人 어른, 성인
□ 急いで 급히, 서둘러서
□ 目をつぶる 눈을 감다
□ はやす (소리나 박수로) 장단을 맞추다
□ けむり(煙) 연기
□ 包む 두르다, 싸다, 포장하다
□ 入り口 입구, 어귀 ↔ 出口(でぐち) 출구
□ 胸 가슴
□ どんぐり 도토리
□ 記章 휘장, 배지
□ つける 달다, 붙이다
□ 出す 내밀다

형제인 이치로 · 지로 · 사부로는 문 앞에 줄지어 서서,

"다녀 와. 어른 여우를 만나면 얼른 눈을 감아야 돼. 자, 우리가 노래를 불러 줄까? 얼은 눈 꽁꽁, 차가운 눈 얼얼, 아기 여우야, 색시 필요하니? 필요하니?"

라고 외쳤습니다.

달님은 하늘 높이 떠오르고, 숲은 푸르스름한 연기에 둘러싸여 있습니다. 두 사람은 벌써 그 숲의 입구에 왔습니다.

그러자, 가슴에 도토리 휘장을 단 하얗고 자그마한 아기 여우가 서 있다가 말했습니다.

"안녕하세요. 안녕하세요. 입장권은 갖고 계십니까?"

"갖고 있어요."

두 사람은 입장권을 내밀었습니다.

---

8 **お～ですか ~하십니까?, ~하시겠습니까?** [お+동사 ます형+ですか]

존경을 나타내는 표현이다.

お呼(よ)びですか。 부르셨습니까?

お預(あず)けですか。 맡기시겠습니까?

＊ 兄弟

長男(ちょうなん) 장남　長女(ちょうじょ) 장녀　末(すえ)っ子(こ) 막내

双子(ふたご) 쌍둥이　一人(ひとり)っ子(こ) 외동아이

一人息子(ひとりむすこ) 외아들　一人娘(ひとりむすめ) 외동딸

＊ ～郎

예전 일본에서 남자 아이의 이름에 많이 붙이던 말이다. 一郎(いちろう) · 太郎(たろう)는 제일 처음 태어난 남자 아이로, 이름 자체가 '장남'을 뜻한다. '차남'은 二郎(じろう), '셋째 아들'은 三郎(さぶろう), '넷째 아들'은 四郎(しろう), '다섯째 아들'은 五郎(ごろう)라고 한다.

「さあ、どうぞあちらへ。」

狐の子が、もっともらしく体(からだ)を曲(ま)げて、目をパチパチしながら、林(はやし)の奥(おく)を手で教(おし)えました。

林の中には、月(つき)の光(ひかり)が青い棒(ぼう)を何本(なんぼん)も斜(なな)めに投(な)げ込(こ)んだように射(さ)しておりました。その中の空(あ)き地(ち)に、二人は来ました。

見ると、もう狐の学校生徒がたくさん集(あつ)まって、栗(くり)の皮(かわ)をぶっつけ合(あ)ったり相撲(すもう)をとったり、ことにおかしいのは、小さな小さなねずみぐらいの狐の子が、大きな子供(こども)の狐の肩車(かたぐるま)に乗(の)って、お星様(ほしさま)を取(と)ろうとしているのです。

みんなの前(まえ)の木(き)の枝(えだ)に、白い一枚(いちまい)の敷布(しきふ)が下(さ)がっていました。

"자, 이쪽으로 오세요."

아기 여우가 폼을 잡고 몸을 구부리며, 눈을 깜박깜박거리면서 숲의 안쪽을 손으로 가리켰습니다.

숲 속에는 달빛이 푸른 방망이를 몇 자루나 비스듬히 던져 넣은 듯이 비치고 있었습니다. 숲 속의 공터로 두 사람은 왔습니다.

둘러 보니 벌써 여우 학교의 학생들이 많이 모여 밤 껍질을 서로 던져 맞히기도 하고 씨름을 하기도 하는데, 특히 우스꽝스러운 것은 작디 작은 쥐 정도 크기의 아기 여우가 커다란 아이 여우의 목말을 타고 별님을 따려고 하고 있는 것입니다.

모두의 앞에 있는 나뭇가지에 하얀 천이 한 장 드리워져 있었습니다.

- □ さあ 자, 여기
- □ 体を曲げる 몸을 구부리다
- □ パチパチする 눈을 깜박거리는 모양, 깜박깜박
- □ 月の光 달빛
- □ 棒 막대기, 몽둥이
- □ 斜めに 비스듬히, 대각선으로
- □ 投げ込む 던져 넣다
- □ 射す 비치다
- □ 空き地 공터
- □ 集まる 모이다
- □ 栗 밤
- □ 皮 껍질, 껍데기
- □ ぶっつけ合う 서로 던지다, 서로 던져서 맞히다 〈ぶつけ合う의 힘줌말〉
- □ 相撲 스모, 일본 씨름 〈相撲をとる 씨름을 하다〉
- □ ねずみ 쥐
- □ 肩車 목말
- □ 取る 빼앗다, 취하다
- □ 敷布 시트, 천, 장막
- □ 下がる 내려지다, 쳐지다, 드리워지다

不意に後ろで、

「こんばんは、よくおいででした。先日は失礼いたしました。」

という声がしますので、四郎とかん子とは、びっくりして振り向いて見ると、紺三郎です。

紺三郎なんか、まるで立派な燕尾服を着て、水仙の花を胸につけて、真っ白なハンケチでしきりにその尖ったお口を拭いているのです。

- □ 不意に　갑자기, 불현듯
- □ 先日　전날, 일전
- □ 失礼　실례
- □ 振り向く　뒤돌아보다
- □ 燕尾服　연미복
- □ 水仙の花　수선화
- □ 胸につける　가슴에 달다
- □ ハンケチ　손수건 〈ハンカチ의 옛 표현〉
- □ しきりに　자꾸만, 끊임없이, 계속해서
- □ 拭く　닦다, 훔치다

갑자기 뒤에서,

"안녕하세요, 잘 오셨습니다. 지난번에는 실례가 많았습니다."

라는 목소리가 들려서, 시로와 칸코는 깜짝 놀라 뒤를 돌아봤더니 콘자부로입니다.

콘자부로는 정말 멋진 연미복을 입고 수선화를 가슴에 달고 새하얀 손수건으로 계속 그 뾰족한 입을 닦고 있는 것입니다.

四郎は、ちょっとお辞義(じぎ)*をして言いました。

「この間(あいだ)は失敬(しっけい)。それから今晩(こんばん)はありがとう。このお餅(もち)をみなさんであがってください。」

狐の学校生徒は、みんなこっちを見ています。

紺三郎は、胸(むね)をいっぱいに張(は)って、すましてもちを受(う)け取(と)りました。

「これはどうもお土産(みやげ)*をいただいてすみません。どうかごゆるりとなすってください。もうすぐ幻灯も始(はじ)まります。私はちょっと失礼いたします。」

紺三郎は、お餅を持って、向こうへ行きました。

□この間 요전, 지난번

□失敬 실례 =失礼(しつれい)

□胸を張る 가슴을 펴다 〈자신 있는 태도를 취하는 모양〉

□すます 시치미를 떼다, 점잖은 척하다

□受け取る 받다, 건네받다

□すみません 감사합니다, 미안합니다,

□ゆるりと 유유히, 편안히, 천천히

□～なすってください ~해 주세요 〈～なさってください와 같은 말로 ～なさい가 て·た에 연결될 때에는 각각 なすって·なっすた의 형태도 이용됨〉

□始まる 시작되다

시로는 잠깐 머리 숙여 인사를 하고 말했습니다.

“요전에는 실례 많았어요. 그리고 오늘밤 초대해 줘서 고마워요. 이 떡을 모두 함께 드세요.”

여우 학교의 학생들은 모두 이쪽을 보고 있습니다.

콘자부로는 가슴을 힘껏 펴고 당당하게 떡을 건네받았습니다.

“이런 멋진 선물을 받게 되어 고맙습니다. 부디 느긋하게 계세요. 이제 곧 환등도 시작됩니다. 저는 잠시 실례하겠습니다.”

콘자부로는 떡을 갖고 건너편으로 갔습니다.

★ お辞儀

머리를 깊이 숙여서 하는 인사로, 가볍게 머리를 약간 숙이며 하는 ‘목례’는 会釈(えしゃく)라고 한다.

★ お土産

여행지에서 가족이나 친지 또는 가깝게 지내는 지인들을 위해 사오는 토산물을 말한다. 쉽게 ‘여행 기념선물’이라고 해석하는 것이 좋다. 참고로, 일반적인 ‘선물’을 뜻하는 말은 贈(おく)り物(もの)라고 하는데, 요즘은 プレゼント(present)라는 말도 많이 쓴다.

狐の学校生徒は、声をそろえてさけびました。

「かた雪かんこ、しみ雪しんこ、かたいお餅はかったらこ、白いお餅はべったらこ。」

幕(まく)の横(よこ)に、

「寄贈(きぞう)、お餅たくさん、人の四郎氏(しろうし)、人のかん子氏」

と、大きな札(ふだ)が出(で)ました。狐の生徒は、喜(よろこ)んで、手をパチパチたたきました。

その時、ピーと笛(ふえ)が鳴(な)りました。

紺三郎が、エヘンエヘンとせきばらいをしながら幕の横から出てきて、丁寧(ていねい)にお辞儀(じぎ)をしました。みんなはしんとなりました。

□そろえる(揃える) 맞추다, 일치시키다
□かったらこ 딱딱 〈かたいの 방언으로 보여짐〉
□べったらこ 딱 들러붙는 모양, 찰싹, 찰딱, 착 〈べったりの 방언〉
□幕 막
□寄贈 기증
□パチパチ 짝짝 〈뭔가를 부딪쳐서 내는 경쾌한 소리〉
□ピーと 삐~
□笛が鳴る 피리가 울리다
□エヘンエヘンと 에헴에헴, 어험어험 〈헛기침을 하는 소리〉
□せきばらい(咳払い) 헛기침
□丁寧に 정중하게, 공손하게
□しんと 아주 조용하게 소리 하나 없는 모양, 괴괴히, 잠잠히

여우 학교의 학생들은 소리를 맞추어 외쳤습니다.

"얼은 눈 꽁꽁, 차가운 눈 얼얼, 굳은 떡은 딱딱, 하얀 떡은 찰딱."

막 한편에,

"기증, 떡 한 가득, 인간 시로 씨, 인간 칸코 씨."

라는 커다란 팻말이 나왔습니다. 여우 학생들은 기뻐하며 박수를 짝짝 쳤습니다.

그때 삐~ 하고 피리가 울렸습니다.

콘자부로가 에헴에헴 하고 헛기침을 하면서 막 한쪽에서 나와 정중하게 머리 숙여 인사를 했습니다. 모두들 조용해졌습니다.

「今夜は美(うつく)しい天気(てんき)です。お月様は、まるで真珠(しんじゅ)のお皿(さら)です。お星様は、野原(のはら)の露(つゆ)がキラキラ固(かた)まったようです。さて、ただ今(いま)から幻灯会をやります。みなさんは、またたきやくしゃみをしないで、目をまんまろに開(ひら)いて見ていてください。それから、今夜は大切(たいせつ)な二人のお客様(きゃくさま)がありますから、どなたも静(しず)かにしないといけません。決(けっ)して、そっちの方(ほう)へ栗(くり)の皮(かわ)を投(な)げたりしてはなりません[9]。開会(かいかい)の辞(じ)です。」

みんな喜んで、パチパチ手をたたきました。そして四郎が、かん子にそっと言いました。

「紺三郎さんはうまいんだね。」

- □ 今夜 오늘밤
- □ 天気 날씨 〈보통 お天気라고 함〉
- □ 真珠 진주
- □ 固まる 단단해지다, 굳어지다
- □ さて 그건 그렇고
- □ ただ今 지금, 방금
- □ またたき (눈을) 깜박임, 깜짝거림
- □ くしゃみ 재채기
- □ 目を開く 눈을 뜨다
- □ まんまろに 동그랗게
- □ 大切だ 중요하다, 소중하다
- □ 投げる 던지다
- □ 開会の辞 개회사

"오늘 밤은 날씨가 좋습니다. 달님은 마치 진주 접시 같습니다. 별님은 들판의 이슬이 반짝반짝 굳은 것 같습니다. 그럼, 지금부터 환등회를 하겠습니다. 여러분은 눈을 깜박이거나 재채기를 하지 말고 눈을 동그랗게 뜨고 봐 주세요. 그리고, 오늘밤은 소중한 손님이 두 분 계시니까 모두 조용히 하지 않으면 안 됩니다. 결코 손님이 계신 쪽으로 밤 껍질을 던지거나 해서는 안 됩니다. 개회사였습니다."

모두 기뻐하면서 짝짝 손뼉을 쳤습니다. 그리고 시로가 칸코에게 조용히 말했습니다.

"콘자부로 씨는 사회를 잘 보는구나."

---

9 ～てはならない ~해서는 안 된다 [동사 て형+はならない]

말하는 이의 판단에 따라, 상대방에게 어떤 행동을 해서는 안 된다는 금지사항을 알리는 표현이다. 정중하게 말하려면 ～てはなりません(~해서는 안 됩니다)이라고 하면 된다.

図書館(としょかん)では大声(おおごえ)で騒(さわ)いではならない。
도서관에서는 큰 소리로 소란을 피워서는 안 된다.

笛がピーと鳴りました。

『お酒を飲むべからず』大きな字が幕に映りました。そして、それが消えて、写真が映りました。一人のお酒に酔った人間のおじいさんが、何かおかしなまるいものをつかんでいる景色です。

みんなは、足踏みをして歌いました。

キックキックトントンキックキックトントン、
　しみ雪しんこ、かた雪かんこ、
　　野原のまんじゅうはポッポッポ。
　酔ってひょろひょろ太右衛門が、
　　去年、三十八、食べた。
キックキックキックキックトントントントン。

写真が消えました。四郎は、そっとかん子に言いました。

「あの歌は紺三郎さんのだよ。」

피리가 삐~ 하고 울렸습니다.

'술을 마시지 말 것'이라는 커다란 글씨가 막에 비쳤습니다. 그리고 글씨가 사라지고 사진이 비쳤습니다. 술에 취한 인간 할아버지 한 명이 뭔가 이상한 둥근 물건을 손에 잡고 있는 광경입니다.

모두들 발을 구르며 노래를 불렀습니다.

뽀득뽀득 콩콩 뽀득뽀득 콩콩,

차가운 눈 얼얼, 얼은 눈 꽁꽁,

들판의 만두는 뜨끈뜨끈뜨끈.

술에 취해 비틀비틀 타에몬이,

작년에 38개 먹었네.

뽀득뽀득 뽀득뽀득 콩콩콩.

사진이 사라졌습니다. 시로는 조용히 칸코에게 말했습니다.

"저 노래는 콘자부로 씨의 노래야."

□映る 비치다
□人間 인간
□まるい 둥글다
□つかむ(掴む) 잡다
□足踏みをする 발을 동동 구르다

別(べつ)に写真が映りました。一人のお酒に酔った若(わか)い者(もの)が、ほおの木(き)の葉(は)でこしらえたお碗(わん)のようなものに顔をつっ込(こ)んで、何(なに)か食べています。紺三郎が白いはかま*をはいて、向こうで見ている景色です。

みんなは、足踏みをして歌いました。

キックキックトントン、キックキック、トントン、

　しみ雪しんこ、かた雪かんこ、

　　野原のおそばはホッホッホ。

　酔ってひょろひょろ清作が、

　　去年十三杯食べた。

キック、キック、キック、キック、トン、トン、トン。

写真が消えて、ちょっと休(やす)みになりました。

かわいらしい狐の女の子が、きび団子(だんご)をのせたお皿を二つ持ってきました。

- □別に 따로
- □若い者 젊은이
- □こしらえる 만들다, 제조하다
- □お碗 (음식을 담는) 공기, 그릇
- □つっ込む 처넣다, 처박다〈顔をつっ込む 얼굴을 박다〉
- □休み 휴식, 휴게〈여기서는 '휴식 시간, 쉬는 시간'을 뜻함〉
- □かわいらしい 귀엽다
- □のせる 담다, 올리다
- □持ってくる 가지고 오다, 들고 오다

다른 사진이 비쳤습니다. 술에 취한 젊은이 한 사람이 일본목련의 잎으로 만든 밥그릇 같은 것에 얼굴을 박고 뭔가 먹고 있습니다. 콘자부로가 하얀 하카마를 입고 건너편에서 보고 있는 광경입니다.

모두들 발을 구르며 노래를 불렀습니다.

뽀득뽀득 콩콩, 뽀득뽀득, 콩콩,

차가운 눈 얼얼, 얼은 눈 꽁꽁,

들판의 메밀국수는 따끈따끈따끈.

술에 취해 비틀비틀 세이사쿠가,

작년에 13그릇 먹었네.

뽀득, 뽀득, 뽀득, 뽀득, 콩, 콩, 콩.

사진이 사라지고, 잠깐 휴식 시간이 되었습니다.

귀여운 여자 아이 여우가 수수경단을 담은 접시를 두 개 갖고 왔습니다.

*** はかま(袴)**

일본 전통 의복의 한 종류로, 주로 남자들이 겉에 입는 주름 잡힌 하의를 말한다. 보통 바지처럼 되어 있는데, 스커트 형태로 되어 있는 것도 있다.

四郎はすっかり弱ってしまいました。なぜってたった今、太右衛門と清作との悪いものを知らないで*食べたのを見ているのですから。

それに狐の学校生徒が、みんなこっちを向いて、

「食うだろうか。ね。食うだろうか。」なんて、ひそひそ話し合っているのです。かん子は、恥ずかしくてお皿を手に持ったまま、真っ赤になってしまいました。すると四郎が、決心して言いました。

「ね。食べよう。お食べよ。僕は、紺三郎さんが僕らをだますなんて思わないよ。」

- □ 弱る 난처해지다, 곤란해지다
- □ たった今 바로 지금 〈ただ今의 힘줌말〉
- □ それに 게다가
- □ ひそひそ 남에게 들리지 않게 작은 목소리로 속삭이는 모양, 소곤소곤
- □ 話し合う 이야기를 나누다, 서로 이야기하다
- □ 恥ずかしい 창피하다, 부끄럽다, 쑥스럽다, 겸연쩍다
- □ 手に持つ 손에 들다
- □ 決心する 결심하다
- □ お食べ 먹어라 〈お食べなさい의 줄임말〉

시로는 정말 난처해졌습니다. 왜냐하면 지금 방금 타에몬과 세이사쿠가 나쁜 것을 모르고 먹었던 것을 보고 있으니까요.

게다가 여우 학교 학생들이 모두 이쪽을 쳐다보며,

"먹을까? 글쎄. 먹으려나?" 하면서, 소곤소곤 서로 이야기하고 있는 것입니다. 칸코는 겸연쩍어 접시를 손에 든 채 얼굴이 새빨갛게 되어 버렸습니다. 그러자 시로가 결심을 하고 말했습니다.

"그래. 먹자. 먹어. 나는 콘자부로 씨가 우리들을 속인다고는 생각하지 않아."

★ 知る와 分かる

知(し)る는 머리 속의 지식과 같이 객관적이고 이성적인 판단에 따라 알고 있는 것에 대해 쓰며, 分(わ)かる는 처해진 상황에 대해 그것을 이해하고 알아듣는 것에 대해 쓴다.

この歌(うた)、知(し)っていますか。
이 노래, 압니까? [노래에 관한 정보나 지식]

私(わたし)の話(はなし)、分(わ)かりますか。
내 얘기, 알겠습니까? [이야기의 내용에 관한 이해]

そして二人は、きび団子をみんな食べました。そのおいしいことは、ほっぺたも落(お)ちそうです。狐の学校生徒は、もうあんまり喜(よろこ)んで、みんな踊(おど)り上(あ)がってしまいました。

キックキックトントン、キックキックトントン。

「昼(ひる)はカンカン日(ひ)の光(ひかり)
夜(よる)はツンツン月明(つきあ)かり
たとえ体(からだ)をさかれても[10]
狐の生徒はうそ言うな[11]。」

キック、キックトントン、キックキックトントン。

「昼はカンカン日の光
夜はツンツン月明かり
たとえ凍(こご)えて倒(たお)れても
狐の生徒は盗(ぬす)まない。」

- □～こと ~구나〈감동을 나타냄〉
- □ほっぺたが落ちる 너무 맛있다〈ほっぺた 뺨, 볼〉
- □もう 정말〈감정 · 감동 등이 고조되었을 때 하는 말〉
- □踊り上がる 펄쩍 뛰어오르다, 껑충 뛰다〈놀랐을 때나 기뻤을 때 하는 행동〉
- □カンカン 쨍쨍〈햇볕이 강하게 내리쬐는 모양〉
- □日の光 햇빛, 햇살
- □ツンツン 찬찬
- □月明かり 달빛
- □さく(裂く) 찢다
- □倒れる 쓰러지다, 넘어지다
- □盗む 훔치다, 도둑질하다

그리고 두 사람은 수수경단을 전부 먹었습니다. 그 맛은 정말 기가 막힐 정도입니다. 여우 학교 학생들은 정말 너무 기뻐서 모두 펄쩍 뛰어오르고 말았습니다.

뽀득뽀득 콩콩, 뽀득뽀득 콩콩.

"낮에는 쨍쨍 햇빛
밤에는 찬찬 달빛
설령 몸이 찢겨지더라도
여우 학생들은 거짓말하지 마라."

뽀득, 뽀득 콩콩, 뽀득뽀득 콩콩.

"낮에는 쨍쨍 햇빛
밤에는 찬찬 달빛
설령 얼어서 쓰러지더라도
여우 학생들은 도둑질 하지 않아."

---

10 たとえ～ても 비록(설령) ~해도

만약에 어떤 상황이 생겨도 그것과 상관없이 그 일이 계속 진행된다는 뜻을 나타낸다.

たとえ彼(かれ)が戻(もど)ってきても、状況(じょうきょう)は変(か)わらない。
설령 그가 돌아와도 상황은 바뀌지 않는다.

11 ～な ~(하)지 마 [동사 기본형+な]

강한 강제성을 띤 명령표현으로, 주로 남자들이 친한 사이나 손아랫사람에게 쓴다.

会(あ)いたくないから、二度(にど)とここに現(あらわ)れるな。
만나고 싶지 않으니까, 두번 다시 여기에 나타나지 마.

キックキックトントン、キックキックトントン。

「昼はカンカン日の光

夜はツンツン月明かり

たとえ体がちぎれても

狐の生徒はそねまない。」

キックキックトントン、キックキックトントン。

四郎もかん子も、あんまりうれしくて、涙(なみだ)*がこぼれました。

笛(ふえ)がピーと鳴(な)りました。

『わなをけいべつすべからず』と、大きな字(じ)が映(うつ)り、それが消えて、絵(え)が映りました。狐のこん兵衛(べえ)が、わなに左足(ひだりあし)をとられた景色です。

□ちぎれる (잘게) 찢겨지다, 조각이 나다, 갈기갈기 찢어지다, 떨어져 나가다

□そねむ 시기하다, 질투하다, 시샘하다

□こぼれる 흘러 넘치다, 흘러내리다

□左足 왼발 ↔ 右足(みぎあし) 오른발

□とられる 잡히다, 포획되다, 붙잡히다

뽀드뽀득 콩콩, 뽀드뽀득 콩콩.

"낮에는 쨍쨍 햇빛

밤에는 찬찬 달빛

설령 몸이 갈기갈기 찢겨지더라도

여우 학생들은 시기하지 않아."

뽀드뽀득 콩콩, 뽀드뽀득 콩콩.

시로도 칸코도 너무 기뻐서 눈물을 흘렸습니다.

피리가 삐~ 하고 울렸습니다.

'덫을 얕보지 말 것'이라는 커다란 글씨가 비치고, 그것이 사라지며 그림이 비쳤습니다. 여우 콘베에가 덫에 왼쪽 발이 걸린 광경입니다.

* 唾(つば) 침	よだれ 군침	汗(あせ) 땀
冷(ひ)や汗(あせ) 식은땀	鼻水(はなみず) 콧물	のび 기지개
くしゃみ 재채기	せき 기침	しゃっくり 딸꾹질
あくび 하품	まばたき 눈 깜빡임	ため息(いき) 한숨
おなら 방귀		

「狐こんこん狐の子、去年狐のこん兵衛が

左の足をわなに入れこんこんばたばた

こんこんこん。」

と、みんなが歌いました。

四郎が、そっとかん子に言いました。

「僕の作った歌だねい。」

絵が消えて、『火を軽蔑すべからず』という字が現れました。それも消えて、絵が映りました。狐のこん助が焼いたお魚を取ろうとして、しっぽに火がついたところです[12]。

狐の生徒が、みなさけびました。

「狐こんこん狐の子、去年狐のこん助が

焼いた魚を取ろとしてお尻に火がつき

きゃんきゃんきゃん。」

□作る 만들다
□~ねい ~구나 =ねえ의 방언

식 표현
□現れる 나타나다

□みな 모두 =みんな

"여우 캥캥 아기 여우, 작년에 여우 콘베에가,
왼쪽 다리가 덫에 걸려, 캥캥 바둥바둥
캥캥캥."

하고 모두 노래를 불렀습니다.

시로가 조용히 칸코에게 말했습니다.

"내가 만든 노래야."

그림이 사라지고 '불을 깔보지 말 것'이라는 글씨가 나타났습니다. 그 글씨도 사라지고 그림이 비쳤습니다. 여우 콘스케가 구운 생선을 훔치려고 하다가 꼬리에 막 불이 붙은 참입니다.

여우 학생들이 모두 외쳤습니다.

"여우 캥캥 아기 여우, 작년에 여우 콘스케가
구운 생선을 훔치려고 하다가 꼬리에 불이 붙어
깽깽깽."

---

12 ~たところだ 막 ~한 참이다 [동사 た형+ところだ]

어떤 행동이나 상황이 방금 전에 막 완료되었음을 나타낸다.

今(いま)ソファーに座(すわ)って、テレビをつけたところです。
지금 소파에 앉아 텔레비전을 막 켠 참입니다.

笛がピーと鳴り、幕(まく)は明(あか)るくなって、紺三郎がまた出てきて言いました。

「みなさん。今晩の幻灯はこれでおしまいです。今夜みなさんは、深(ふか)く心(こころ)にとめなければならないことがあります。それは、狐のこしらえたものを、賢(かしこ)い少(すこ)しも酔わない人間のお子さんが食べて下(くだ)すったということです。そこでみなさんは、これからも、大人になっても、うそをつかず[13]、人をそねまず、私ども狐の今までの悪(わる)い評判(ひょうばん)をすっかりなくしてしまうだろうと思います。閉会(へいかい)の辞(じ)です。」

□明るい 밝다
□おしまい 끝, 마무리
□深い 깊다 ↔ 浅(あさ)い 얕다
□心にとめる 마음에 담다
□賢い 현명하다, 영리하다
□少しも 조금도 〈보통 뒤에 부정표현이 함께 옴〉
□お子さん (남의) 아이 〈남의 자식을 높여 부를 때 씀〉
□これからも 앞으로도
□うそ 거짓말 〈うそをつく 거짓말을 하다〉
□今まで 지금까지
□評判 평판, 소문
□なくす 없애다
□閉会の辞 폐회사

피리가 삐~ 하고 울리며 막이 밝아지고 콘자부로가 다시 나와 말했습니다.

"여러분. 오늘밤의 환등은 이것으로 끝입니다. 오늘밤 여러분은 깊이 마음 속에 간직해야 할 것이 있습니다. 그것은 여우가 만든 것을 현명하고 조금도 술에 취하지 않은 인간의 아이가 먹어 주셨다는 것입니다. 그러므로 여러분들이 앞으로도 어른이 되어서도 거짓말을 하지 않고, 남을 시샘하지 않으면, 우리 여우들의 지금까지의 나쁜 평판을 완전히 없애 버릴 거라고 생각합니다. 폐회사였습니다."

13 ~ず ~(하)지 않고, ~(하)지 말고

[동사 ない형+ず]〈예외 する→せず, くる→こず〉

부정을 나타내는 표현으로, 주로 문장체로 쓰인다. ~ずに라고 하는 경우도 많으며, 회화에서는 ~ないで라고 쓴다.

今朝(けさ)は朝(あさ)ごはんも食(た)べずに、会社(かいしゃ)に行(い)きました。
오늘 아침에는 아침밥도 먹지 않고 회사에 갔습니다.

狐の生徒は、みんな感動して、両手を上げ、ワーッと立ち上がりました。そして、キラキラ涙をこぼしたのです。

紺三郎が、二人の前に来て、丁寧にお辞儀をして言いました。

「それでは。さようなら。今夜のご恩は決して忘れません。」

二人も、お辞儀をして、家の方へ帰りました。狐の生徒たちが、追いかけてきて、二人のふところや隠しに、どんぐりだの栗だの青光りの石だの[14]を入れて、

「そら、あげますよ。」

「そら、取ってください。」

なんて言って、風のように逃げ帰っていきます。

□ 感動する 감동하다
□ 両手を上げる 양손을 올리다
□ ワーッと 와아, 어머나, 으악 〈매우 기쁘거나 놀랐을 때 또는 남을 놀래킬 때 내는 소리〉
□ 立ち上がる 일어서다, 일어나다
□ 涙をこぼす 눈물을 흘리다
□ (ご)恩 은혜
□ 追いかける 뒤쫓아가다
□ 隠し 호주머니
□ 青光り 푸른 빛
□ 石 돌
□ 逃げ帰る 달아나 돌아가다, 재난을 피해 되돌아오다

여우 학생들은 모두 감동하여 양손을 올리며 왓~ 하고 일어섰습니다. 그리고, 반짝반짝 눈물을 흘렸던 것입니다.

콘자부로가 두 사람 앞에 와서 정중하게 머리 숙여 인사를 하고 말했습니다.

"그럼. 안녕히 가세요. 오늘밤의 은혜는 결코 잊지 않겠습니다."

두 사람도 고개 숙여 인사를 하고 집으로 돌아갔습니다. 여우 학생들이 뒤쫓아와서 두 사람의 품속과 주머니에 도토리라든가 밤이라든가 푸른 빛의 돌 등을 넣으며,

"자, 드리겠습니다."

"자, 받아 주세요."

라고 말하고는 바람처럼 달아났습니다.

---

14 ～だの～だの ~다느니, ~이라든가, ~라는 등

[동사 · い형용사 보통형, な형용사 어간, 명사+だの]

사물이나 행동을 예시할 목적으로 나열할 때 쓰는 표현이다.

海(うみ)に行くだの行かないだのさわいでいた。

바다에 간다느니 안 간다느니 하며 떠들고 있었다.

紺三郎は笑って見ていました。

二人は、森(もり)を出て、野原を行きました。

その青白い雪の野原のまん中(なか)で、三人の黒(くろ)い影(かげ)が、向(む)こうから来るのを見ました。それは、迎(むか)えに来た兄さんたちでした。

□まん中 한가운데　□迎える 맞이하다　□影 그늘, 그림자

콘자부로는 웃으며 보고 있었습니다.

두 사람은 숲을 나와 들판을 걸었습니다.

그 푸르스름한 눈 덮인 들판 한가운데에서 세 사람의 검은 그림자가 저편에서 오는 것을 보았습니다. 그 그림자는 마중하러 나온 형들이었습니다.

やまなし

小さな谷川の底を写した、二枚の青い幻灯です。

一、五月

二匹のかにの子供らが、青白い水の底で話していました。

「クラムボンは笑ったよ。」

「クラムボンはかぷかぷ笑ったよ。」

「クラムボンははねて笑ったよ。」

「クラムボンはかぷかぷ笑ったよ。」

上の方や横の方は、青く暗く鋼のように見えます。そのなめらかな天井を、つぶつぶ暗い泡が流れていきます。

돌배

작은 산골짜기 시냇물의 밑바닥을 촬영한, 두 장의 푸른 환등입니다.

1, 5월

두 마리의 어린 게들이 푸르스름한 물 밑바닥에서 이야기하고 있었습니다.

"크람본은 웃었어."

"크람본은 싱긋싱긋 웃었어."

"크람본은 튕겨대며 웃었어."

"크람본은 싱긋싱긋 웃었어."

위쪽과 옆쪽은 검푸른 강철처럼 보입니다. 그 매끄러운 천장을 방울방울 검은 거품이 흘러갑니다.

- □ やまなし 돌배
- □ 谷川 산골짜기를 흐르는 내
- □ 底 밑바닥
- □ 写す 찍다, 활영하다, 묘사하다
- □ かに 게
- □ 底 밑바닥
- □ クラムボン 크람본 〈작가가 만든 말로 의미는 알려져 있지 않음〉
- □ かぷかぷ 불가사의(이상한 · 기묘한) 느낌이 드는 웃음 소리
- □ はねる (물 등을) 튀기다
- □ 暗い 어둡다 ↔ 明(あか)るい 밝다
- □ なめらかだ 매끈매끈하다, 미끈미끈하다
- □ 天井 천장
- □ つぶつぶ 방울방울, 점점이
- □ 泡 거품
- □ 流れる 흐르다, 흘러가다

「クラムボンは笑っていたよ。」

「クラムボンはかぷかぷ笑ったよ。」

「それなら、なぜクラムボンは笑ったの。」

「知(し)らない。」

つぶつぶ泡が流れていきます。かにの子供らも、ぽつぽつぽつと、続(つづ)けて五(ご)、六粒泡(ろくつぶあわ)を吐(は)きました。それは、揺(ゆ)れながら水銀(すいぎん)のように光(ひか)って、斜(なな)めに上の方へ上(のぼ)っていきました。

つうと銀(ぎん)の色(いろ)の腹(はら)をひるがえして、一匹(いっぴき)の魚(さかな)が頭(あたま)の上を過(す)ぎていきました。

「クラムボンは死(し)んだよ。」

「クラムボンは殺(ころ)されたよ。」

- □ それなら 그렇다면
- □ ぽつぽつと 뚝뚝, 똑똑, 띄엄띄엄
- □ 続ける 계속하다
- □ ～粒 ～알 〈콩, 쌀, 돌과 같은 작은 알맹이를 세는 조수사〉
- □ 吐く 토하다, 내뱉다, 내뿜다
- □ 水銀 수은
- □ 斜めに 비스듬하게, 비뚤어지게
- □ つうと 동작이 빠른 모양, 갑자기, 불쑥 〈つと의 힘줌말〉
- □ ひるがえす 뒤집다
- □ 過ぎる 지나가다
- □ 殺す 죽다

"크람본은 웃고 있었어."

"크람본은 싱긋싱긋 웃었어."

"그렇다면, 왜 크람본은 웃은 거야?"

"몰라."

방울방울 거품이 떠내려갑니다. 아기 게들도 뽁뽁뽁 계속해서 대여섯 개의 거품을 내뿜었습니다. 거품은 흔들리면서 수은처럼 반짝거리며 비스듬히 위쪽으로 올라갔습니다.

갑자기 은색의 배를 뒤집으며 한 마리의 물고기가 머리 위를 지나갔습니다.

"크람본은 죽었어."

"크람본은 죽음을 당했어."

「クラムボンは死んでしまったよ……。」

「殺されたよ。」

「それなら、なぜ殺された。」

兄さんのかには、その右側の四本の足の中の二本を、弟の平べったい頭にのせながら言いました。

「わからない。」

魚がまたつうと戻って、下の方へ行きました。

「クラムボンは笑ったよ。」

「笑った。」

にわかにぱっと明るくなり、日光の黄金は、夢のように水の中に降ってきました。

波から来る光の網が、底の白い岩の上で、美しくゆらゆら伸びたり縮んだりしました。泡や小さなごみからは、まっすぐな影の棒が、斜めに水の中に並んで立ちました。

"크람본은 죽어 버렸어……."

"죽음을 당했어."

"그렇다면, 왜 죽음을 당한 거야?"

형 게는 자신의 오른쪽 4개의 다리 중 2개를 동생의 납작한 머리에 올려놓으며 말했습니다.

"몰라."

물고기가 또 갑자기 돌아와서 아래쪽으로 갔습니다.

"크람본은 웃었어."

"웃었어."

갑작스럽게 확 밝아지며 황금빛 햇살이 꿈결처럼 물속으로 내려왔습니다.

물결에서 오는 빛의 그물이, 밑바닥이 하얀 바위 위에서 아름답게 흔들흔들 늘어났다 줄어들었다 했습니다. 거품이랑 작은 쓰레기에서는 쭉 뻗은 그림자 막대기가 비스듬히 물속에 줄지어 섰습니다.

- □ 右側 우측, 오른쪽
- □ 平べったい 납작하다
- □ 戻る 되돌아가다, 되돌아오다
- □ 下 (강의) 아래쪽, 하류 ↔ 上(かみ) (강의) 윗쪽, 상류
- □ にわかに 갑작스럽게, 졸지에, 돌연
- □ ぱっと 확, 쫙 〈일시에 사방으로 퍼지는 모양〉
- □ 夢 꿈
- □ 波 파도, 물결
- □ 岩 바위
- □ 伸びる 늘어나다, 자라다, 주름이 펴지다
- □ 縮む 줄어들다, 수축하다
- □ ごみ 쓰레기
- □ まっすぐだ 쭉 곧다, 곧게 뻗다, 똑바로
- □ ゆらゆら 흔들흔들, 한들한들

魚が、今度(こんど)はそこら中(じゅう)の黄金(きん)の光をまるっきりくちゃくちゃにして、おまけに自分(じぶん)は鉄色(てついろ)に変(へん)に底光(そこびか)りして、また上(かみ)の方へ上(のぼ)りました。

「お魚は、なぜああ行ったり来たりするの。」

弟のかにが、まぶしそうに目を動(うご)かしながらたずねました。

「何(なに)か悪(わる)いことをしてるんだよ。取(と)ってるんだよ。」

「取ってるの。」

「うん。」

□そこら 그 근방, 그 근처
□〜中 ~전체
□まるっきり 전혀, 아주, 완전히 〈まるきり의 힘줌말, 보통 뒤에 부정표현이 옴〉
□くちゃくちゃ 엉망진창 〈물건들이 어질러져 정돈되지 않은 모양〉
□おまけに 게다가
□鉄色 철색, 쇳빛, 녹색을 띈 검푸른색
□変に 이상하게
□まぶしい 눈부시다
□動かす 움직이다

물고기가 이번에는 그 근처의 황금빛을 완전히 엉망으로 만들고, 게다가 스스로 이상한 철색으로 빛나더니 다시 위쪽으로 올라갔습니다.

"물고기는 왜 저렇게 왔다 갔다 하는 거야?"

동생 게가 눈이 부신 듯 눈을 움직이면서 물었습니다.

"뭔가 나쁜 짓을 하고 있는 거야. 훔치고 있는 거야."

"훔치고 있다고?"

"그래."

そのお魚が、また上から戻ってきました。今度はゆっくり落ち着いて、ひれも尾も動かさず、ただ水にだけ流されながら、お口を輪のようにまるくしてやって来ました。その影は、黒く静かに底の光の網の上を滑りました。

「お魚は……。」

その時です。にわかに天井に白い泡が立って、青光りのまるでぎらぎらする鉄砲弾のようなものが、いきなり飛び込んできました。

□ゆっくり 천천히
□落ち着く 진정되다, 가라앉다, 차분하다, 침착하다
□ひれ 지느러미
□尾 꼬리
□輪 고리
□滑る 미끄러지다
□泡が立つ 거품이 일다
□鉄砲弾 총알
□飛び込む 뛰어들다

그 물고기가 다시 위쪽에서 되돌아왔습니다. 이번에는 천천히 차분하게 지느러미도 꼬리도 움직이지 않고, 단지 물에 떠내려만 가면서 입을 고리와 같이 둥글게 해서 다가왔습니다. 그 그림자는 검고 조용하게 밑바닥의 빛의 그물 위를 미끄러졌습니다.

"물고기는…."

그때입니다. 갑자기 천장에 하얀 거품이 일고, 푸른 빛의 마치 번쩍번쩍 빛나는 총알 같은 것이 난데없이 날아들어 왔습니다.

兄(にい)さんのかには、はっきりとその青いものの先(さき)が、コンパスのように黒く尖(とが)っているのも見ました。と思ううちに[1]、魚の白い腹(はら)がぎらっと光って一(いっ)ぺんひるがえり、上(うえ)の方へ上(のぼ)ったようでしたが、それっきりもう青いものも魚の形(かたち)も見えず、光の黄金(きん)の網(あみ)はゆらゆら揺(ゆ)れ、泡はつぶつぶ流(なが)れました。

二匹(にひき)はまるで声(こえ)も出(で)ず、いすくまってしまいました。

お父さんのかにが出(で)てきました。

「どうしたい。ぶるぶる震(ふる)えているじゃないか。」

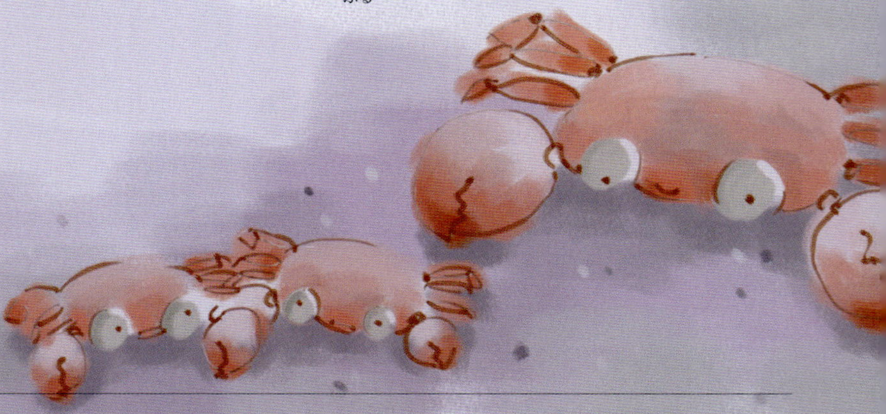

□ **はっきりと** 확실히, 뚜렷이, 분명히, 똑똑히
□ **先** 끝, 앞부분
□ **ぎらっと** 번뜩 〈순간적으로 빛이 발하는 모양〉
□ **ひるがえる** 뒤집히다
□ **コンパス** 컴퍼스
□ **それっきり** 그것으로, 그것을 끝으로 〈**きり**는 명사에 붙어 한정을 나타냄. **これっきり**(이것뿐), **あれっきり**(그때뿐)〉
□ **いすくまる** (공포, 놀라움 등에 질려서) 꼼짝 못하게 되다, 그 자리에 못박히다
□ **どうしたい** 무슨 일이니?, 왜 그러니? 〈**い**는 상대방에게 친밀감을 갖고 묻거나 뭔가를 확인할 때 씀〉

형 게는 분명하게 그 푸른 것의 앞부분이 컴퍼스처럼 까맣고 뾰족하게 되어 있는 것도 보았습니다. 이런 생각을 하는 중에, 물고기의 하얀 배가 번뜩 하고 빛이 나며 한번 뒤집혀서 위쪽으로 올라간 것 같았습니다만, 그것을 끝으로 더 이상 푸른 것도 물고기 모습도 보이지 않고, 햇빛의 황금 그물은 흔들흔들 흔들리며 거품은 방울방울 떠내려갔습니다.

두 마리의 형제 게는 전혀 소리도 내지 못하고, 굳어 버리고 말았습니다.

아빠 게가 나왔습니다.

"왜 그러니? 벌벌 떨고 있구나."

---

1 ~うちに ~(하)는 사이에, ~(하)는 동안에 [동사 기본형 · ている+うちに]

어떤 행동을 하고 있는 중에 새로운 일이 발생한 것을 나타낼 때 쓰는 표현이다. 또한, 어떤 상태나 동작이 끝나지 않고 계속하여 진행되고 있는 시점임을 나타내기도 한다.

何度(なんど)か会(あ)ううちに彼(かれ)のことが好(す)きになった。
몇 번인가 만나는 사이에 그가 좋아졌다.

「お父(とう)さん、今、おかしなものが来たよ。」

「どんなもんだ。」

「青くてね、光るんだよ。はじが、こんなに黒く尖(とが)ってるの。それが来たら、お魚が上(うえ)へ上(のぼ)っていったよ。」

「そいつの目が赤(あか)かったかい。」

「わからない。」

「ふうん。しかし、そいつは鳥(とり)だよ。かわせみというんだ。大丈夫(だいじょうぶ)だ、安心(あんしん)しろ。おれたちはかまわないんだから。」

「お父さん、お魚はどこへ行ったの。」

「魚かい。魚はこわい所(ところ)へ行った。」

「こわいよ、お父さん。」

- □ はじ(端) 끝, 끝부분
- □ そいつ 그 녀석
- □ ふうん 흠 〈말을 꺼내기 전에 생각을 정리하면서 하는 말〉
- □ かわせみ 물총새

- □ かまわない 상관없다
- □ こわい(怖い) 무섭다

"아빠, 지금 이상한 것이 왔어요."
"어떤 건데?"
"파랗고요, 빛이 나요. 끝부분이 이렇게 까맣고 뾰족해요. 그게 오니까 물고기가 위로 올라갔어요."
"그 녀석의 눈이 빨갛더냐?"
"몰라요."
"흠. 하지만, 그 녀석은 새란다. 물총새라고 하지. 괜찮아, 안심하거라. 우리들은 상관없으니까."
"아빠, 물고기는 어디로 간 거예요?"
"물고기 말이냐? 물고기는 무서운 곳으로 갔어."
"무서워요, 아빠."

「いい、いい、大丈夫だ。心配(しんぱい)するな。そら、かばの花(はな)*が流(なが)れてきた。ごらん、きれいだろう。」

泡(あわ)と一緒(いっしょ)に、白いかばの花(はな)びらが、天井(てんじょう)をたくさん滑(すべ)ってきました。

「こわいよ、お父さん。」

弟のかにも言いました。

光の網(あみ)はゆらゆら、伸(の)びたり縮(ちぢ)んだり、花びらの影(かげ)は静かに砂(すな)を滑りました。

□ 心配する 걱정하다
□ かば 자작나무
□ ごらん 봐라, 보렴
□ 花びら 꽃잎
□ 砂 모래

"괜찮아, 괜찮아, 괜찮다니까. 걱정하지 마. 봐라, 자작나무 꽃이 떠내려 왔구나. 보렴, 예쁘지?"

거품과 함께 하얀 자작나무 꽃잎이 천장을 가득 미끄러져 내려왔습니다.

"무서워요, 아빠."

동생 게도 말했습니다.

빛의 그물은 흔들흔들, 늘었다 줄었다 하고, 꽃잎의 그림자는 조용히 모래 위를 미끄러집니다.

★ 나무와 꽃

竹(たけ) 대나무	松(まつ) 소나무	桐(きり) 오동나무
柳(やなぎ) 버드나무	楓(かえで) 단풍나무	藤(ふじ) 등나무
ばら 장미	菊(きく) 국화	れんぎょう 개나리
つつじ 진달래	たんぽぽ 민들레	ひまわり 해바라기
朝顔(あさがお) 나팔꽃	すみれ 제비꽃	槿(むくげ) 무궁화

二、十二月(にじゅうにがつ)

かにの子供(こども)らはもうよほど大(おお)きくなり、底(そこ)の景色(けしき)も夏(なつ)から秋(あき)の間(あいだ)にすっかり変(か)わりました。

白い柔(やわら)かなまる石(いし)も転(ころ)がってき、小さなきりの形(かたち)の水晶(すいしょう)の粒(つぶ)や金雲母(きんうんも)のかけらも、流(なが)れてきて止(と)まりました。

その冷たい水の底まで、ラムネの瓶(びん)の月光(げっこう)がいっぱいに透(す)き通(とお)り、天井では、波(なみ)が青白(あおじろ)い火(ひ)を燃(も)やしたり消(け)したりしているよう。辺(あた)りはしんとして、ただ、いかにも遠(とお)くからというように、その波の音(おと)が響(ひび)いてくるだけです。

□ よほど 상당히, 대단히, 꽤, 어지간히
□ ～の間に ~사이에, ~동안에
□ 変わる 변하다, 바뀌다
□ 転がる 구르다
□ きり(錐) 송곳
□ 水晶 수정
□ 粒 알갱이, 알맹이
□ 金雲母 금운모 〈금과 마그네슘을 함유하고 황색, 적갈색, 녹색 등을 띠는 광물로, 전기 전열체나 내화재(耐火材)로 많이 쓰임〉
□ かけら 조각
□ 止まる 멈추다, 서다, 붙박이다, 고정되다
□ ラムネ 레몬에이드 =レモネード
□ 瓶 병
□ 燃やす 태우다, 연소시키다
□ 消す 끄다, 없애다
□ 辺り 주변, 근처
□ いかにも 자못, 정말, 매우
□ 響く 울리다, 울려 퍼지다

2, 12월

아기 게들은 이제 제법 자랐고, 물 밑바닥의 경치도 여름과 가을 동안에 완전히 바뀌었습니다.

하얗고 매끄러운 둥근 돌도 굴러오고, 작은 송곳 모양의 수정 조각이랑 금운모 조각도 떠내려와 자리 잡았습니다.

그 차가운 물 밑바닥까지 레몬에이드 병의 달빛이 가득 투명하게 비치고, 천장에서는 물결이 푸르스름한 불을 태우거나 끄거나 하고 있는 듯합니다. 주변은 조용하여, 그저 자못 멀리 떨어져 있는 듯, 그 파도 소리가 들려올 뿐입니다.

かにの子供らは、あんまり月が明るく水がきれいなので、眠(ねむ)らないで外(そと)に出(で)て、しばらく黙(だま)って泡(あわ)を吐(は)いて天井の方(ほう)を見ていました。

「やっぱり、僕の泡は大きいね。」

「兄さん、わざと大きく吐いてるんだい。僕だって、わざとならもっと大きく吐けるよ。」

「吐いてごらん[2]。おや、たったそれきりだろう。いいかい、兄さんが吐くから見ておいで。そら、ね、大きいだろう。」

「大きかないや、おんなじだい。」

□眠る 잠들다
□黙る 침묵하다
□やっぱり 역시 〈やはり의 회화체 힘줌말〉
□わざと 일부러, 고의로
□おや 어?, 아니, 이런, 저런 〈뜻밖의 일에 부딪치거나 의문이 생겼을 때 내는 소리〉
□たった 단지, 다만
□それきり 그뿐, 그만 =それっきり
□大きかない 크지 않다 =大きくない
□おんなじだ 같다, 동일하다 〈同(おな)じだ의 회화체 표현〉

아기 게들은 너무나도 달이 밝고 물이 깨끗해서 잠들지 않고 밖으로 나와, 한참 동안 잠자코 거품을 내뿜으며 천장 쪽을 보고 있었습니다.

"역시 내 거품은 크구나."

"형, 일부러 크게 내뿜고 있는 거지? 나도 일부러 하면 더 크게 내뿜을 수 있어."

"내뿜어 보렴. 이런, 겨우 그 정도야? 좋아, 형이 내뿜을 테니까 보고 있어. 자, 봐, 크지?"

"크지 않아, 똑같은 걸."

---

2 ～てごらん ～해 봐, ～해 보렴 [동사 て형+ごらん]

상대방에게 어떤 행동을 해 보라고 권유할 때 쓰는 표현으로, 동년배나 손아랫사람에게 쓴다.

次(つぎ)のページを最後(さいご)まで読(よ)んでごらん。
다음 페이지를 끝까지 읽어 보렴.

「近(ちか)くだから、自分のが大きく見えるんだよ。そんなら一緒に吐いてみよう。いいかい、そら。」

「やっぱり僕の方、大きいよ。」

「本当(ほんとう)かい。じゃ、も一つ吐くよ。」

「だめだい、そんなに伸(の)び上(あ)がっては。」

また、お父さんのかにが出てきました。

「もう寝(ね)ろ寝ろ。遅(おそ)いぞ、あしたイサドへ連(つ)れていかんぞ。」

「お父さん、僕たちの泡、どっち大きいの。」

「それは兄さんの方だろう。」

「そうじゃないよ。僕の方、大きいんだよ。」

弟のかには泣きそうになりました[3]。

□ 近く 근처, 가까운 곳
□ じゃ 그럼 〈では의 회화체 줄임말〉
□ 伸び上がる 발돋움하다
□ ～ては ~해서는, ~하면
□ イサド 이사드 〈작가가 만든 상상의 지명〉
□ ～ていかん ~해 가지 않다 〈～ていく의(~해 가다)의 부정형인 ～ていかない의 회화체 표현〉

"가까우니까 자기 것이 크게 보이는 거야. 그렇다면, 같이 내뿜어 보자. 됐니? 봐."

"역시 내 쪽이 커."

"정말? 그럼, 하나 더 내뿜을게."

"안 돼, 그렇게 발돋움하면."

또 아빠 게가 나왔습니다.

"이젠 그만 자거라, 자. 늦었어, 내일 이사드에 안 데리고 간다."

"아빠, 우리들 거품 중에서 어느 쪽이 커요?"

"그야 형 것이지."

"그렇지 않아요. 내 쪽이 커요."

동생 게가 울먹거립니다.

3 ～そうになる ~할 것처럼 되다 [동사 ます형+そうになる]

실제로는 그렇게 되지 않았으나, 말하는 사람이 제어할 수 없는 어떤 일이 일어나기 직전의 상황임을 나타낸다.

彼(かれ)はショックを受(う)けて、倒(たお)れそうになりました。
그는 쇼크를 받아서 쓰러질 것처럼 되었습니다.

そのとき、トブン。

黒いまるい大きなものが、天井から落(お)ちてずうっと沈(しず)んで、また上(うえ)へ上(のぼ)っていきました。きらきらっと黄金(きん)のぶちが光(ひか)りました。

「かわせみだ。」

子供らのかには、首(くび)をすくめて言いました。

お父さんのかには、遠眼鏡(とおめがね)のような両方(りょうほう)の目(め)をあらん限(かぎ)り伸(の)ばして、よくよく見てから言いました。

「そうじゃない。あれはやまなしだ。流(なが)れていくぞ。ついていってみよう。ああ、いい匂(にお)いだな。」

なるほど、そこらの月明(つきあ)かりの水の中は、やまなしのいい匂いでいっぱいでした。

- □トブン 풍덩 〈무거운 것이 물에 빠지는 소리〉
- □まるい 둥글다
- □ずうっと 쭉, 계속 〈ずっと의 힘줌말〉
- □沈む 가라앉다
- □ぶち 얼룩, 얼룩짐 〈주로 동물의 얼룩에 씀〉
- □遠眼鏡 망원경, 쌍원경
- □両方 양쪽
- □伸ばす 늘리다
- □よくよく 아주 잘, 아주 자세하게
- □流れていく 흘러가다
- □ついていく 따라가다

그때, 풍덩.

검고 둥글고 커다란 것이 천장에서 떨어져 쑥~ 하고 가라앉았다가 다시 위로 올라갔습니다. 반짝반짝 하고 금빛 얼룩이 빛났습니다.

"물총새다."

아기 게들은 목을 움츠리며 말했습니다.

아빠 게는 망원경 같은 양쪽 눈을 있는 힘껏 늘려서 아주 자세하게 보고 나서 말했습니다.

"그렇지 않아. 저건 돌배야. 떠내려가네, 따라가 보자. 아아, 냄새가 좋구나."

과연, 그 주변 달빛 물속은 돌배의 좋은 냄새로 가득 찼습니다.

三匹(さんびき)は、ぼかぼか流れていくやまなしの後(あと)を追(お)いました。

その横歩(よこある)きと、底の黒い三つの影法師(かげぼうし)が、合(あ)わせて六(むっ)つ、踊(おど)るようにして、やまなしのまるい影(かげ)を追いました。

間(ま)もなく、水はサラサラ鳴り、天井の波はいよいよ青い炎(ほのお)を上(あ)げ、やまなしは横(よこ)になって木(き)の枝(えだ)に引(ひ)っかかって止(と)まり、その上(うえ)には、月光(げっこう)の虹(にじ)がもかもか集(あつ)まりました。

- □ぼかぼか 떠올랐다가 가라앉았다가 하는 모습
- □後を追う 뒤를 좇다, 뒤를 따라가다
- □横歩き 게걸음 〈게처럼 옆으로 걷는 모양〉
- □影法師 그림자
- □合わせる 합치다
- □間もなく 머지 않아, 얼마 안 되어, 이윽고
- □サラサラ 술술, 졸졸, 줄줄 〈사물이 막힘 없이 잘 나아가는 모양〉
- □いよいよ 드디어, 마침내
- □炎 불길
- □横になる 가로 눕다
- □引っかかる 걸리다
- □虹 무지개
- □もかもか 포근하다, 부드럽다
- □集まる 모이다

세 마리의 게는 둥실둥실 떠내려가는 돌배 뒤를 쫓아갔습니다.

그 게걸음과 물 밑바닥의 검은 세 개의 그림자가, 합쳐서 여섯 개, 춤을 추듯이 돌배의 둥근 그림자를 쫓아갔습니다.

이윽고 물은 졸졸 소리를 내고, 천장의 물결은 드디어 푸른 불길을 올리고, 돌배는 가로 누워 나뭇가지에 걸려서 멈추니, 그 위로는 달빛 무지개가 포근하게 모였습니다.

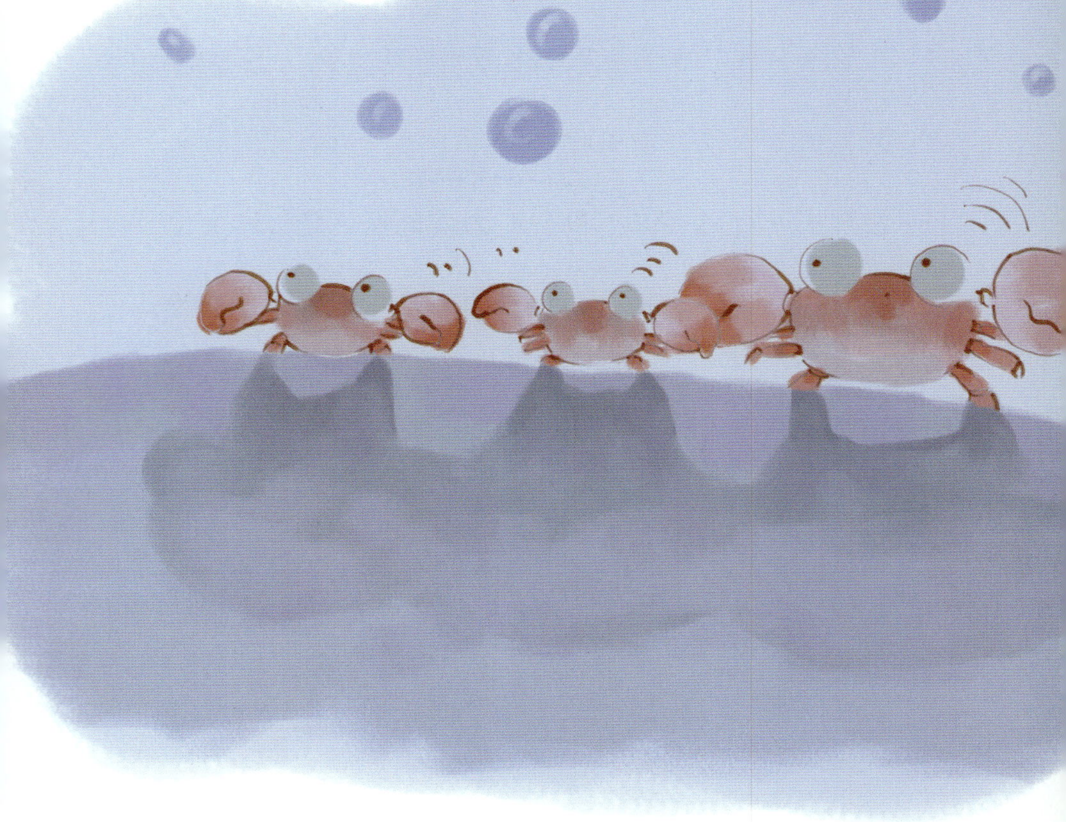

「どうだ、やっぱりやまなしだよ。よく熟している。いい匂いだろう。」

「おいしそうだね、お父さん。」

「待て待て。もう二日ばかり待つとね、こいつは下へ沈んでくる。それからひとりでにおいしいお酒ができるから。さあ、もう帰って寝よう。おいで。」

親子のかには三匹、自分らの穴に帰っていきます。

波は、いよいよ青白い炎をゆらゆらと上げました。それはまた、金剛石*の粉を吐いているようでした。

私の幻灯は、これでおしまいであります。

- □ 熟する 익다, 숙성되다
- □ ～ばかり (시간을 나타내는 말에 붙어) ~가량, ~쯤
- □ ひとりでに 저절로, 자연히
- □ 親子 부모와 자식
- □ 穴 구멍
- □ 金剛石 금강석, 다이아몬드
- □ 粉 가루
- □ おしまい 끝, 파할, 마지막, 절망, 끝장 <しまい의 공손한 말>
- □ ～である ~이다 =～だ

"어떠냐? 역시 돌배야. 잘 익었어. 냄새가 좋지?"

"맛있을 것 같아요, 아빠."

"기다려라 기다려. 이제 이틀 정도 기다리면 말이지, 이 건 아래로 가라앉게 된단다. 그리고 나서 저절로 맛있는 술이 되니까. 자, 이제 돌아가서 자자. 오렴."

부모와 자식 게 세 마리는 자신들의 구멍으로 돌아갑니다.

물결은 드디어 푸르스름한 불길을 한들한들 올렸습니다. 그것은 또한 다이아몬드 가루를 내뿜고 있는 것 같았습니다.

나의 환등은, 이것으로 끝입니다.

著者

宮沢賢治(みやざわ けんじ, 1896년~1933년)

시인, 아동문학가로, 고향인 岩手(いわて) 현에 대한 깊은 애정을 미야자와 특유의 언어 감각을 통해 표현하고 있다. 독특한 공간 설정과 자연과의 교감, 종교적 색채가 넘치는 시와 동화를 남겼으며, 사후 더욱더 높이 평가 되어 국민작가로 칭송되고 있다. 시집 『春と修羅』(봄과 아수라)와 동화집 『注文の多い料理店』(주문이 많은 요리점)이 생전에 간행된 유일한 작품집이다.

작품으로는 애니메이션 「은하철도 999」의 모티브가 된 『銀河鉄道の夜』(은하철도의 밤)와 『鹿踊りのはじまり』(사슴춤의 시작), 『水仙月の四日』(수선화월 4일), 『なめとこ山の熊』(나메토코산의 곰), 『永訣の朝』(영결의 아침) 등 수많은 시와 동화가 있다.

다락원 일한 대역문고 – 중급5

미야자와겐지의 주문이 많은 요리점

宮沢賢治の注文の多い料理店

지은이 宮沢賢治
역　주 이현정
펴낸이 정규도
펴낸곳 (주)다락원

초판 1쇄 발행 2007년 11월 20일
초판 5쇄 발행 2020년 11월 17일

책임편집 이경숙, 김윤희
외주교정 정선영
디자인 이수민
일러스트 윈일러스트

경기도 파주시 문발로 211
Tel: (02)736-2031 Fax: (02)732-2037
(내용문의: 내선 460~465 / 구입문의: 내선 250~252)
출판등록 1977년 9월 16일 제406-2008-000007호

가격 12,000원(교재+오디오CD 1장)

ISBN 978-89-5995-354-7 18730　978-89-5995-296-0(set)

www.darakwon.co.kr
다락원 홈페이지를 방문하시면 상세한 출판 정보와 함께 동영상강좌, MP3 자료 등 다양한 어학 정보를 얻으실 수 있습니다.